法律硕士证据调查教学案例指引

王跃 | 著

该著作系"证据调查教学案例库(2019年度重庆市专业学位研究生教学案例库建设项目)""证据调查创新人才培养导师团队(2019年度重庆市研究生导师团队建设项目)""新文科背景下法律硕士教学案例库建设长效机制研究(2020年度重庆市教委研究生教育教学改革研究重点项目)"的部分阶段性研究成果。

知识产权出版社
全国百佳图书出版单位
—北京—

图书在版编目（CIP）数据

法律硕士证据调查教学案例指引/王跃著．—北京：知识产权出版社，2020.8
ISBN 978-7-5130-7040-9

Ⅰ.①法… Ⅱ.①王… Ⅲ.①证据—调查—教案（教育）—研究生教育 Ⅳ.①D915.13

中国版本图书馆 CIP 数据核字（2020）第 114730 号

责任编辑：吴亚平　李芸杰　　　　责任校对：王　岩
封面设计：博华创意·张冀　　　　责任印制：刘译文

法律硕士证据调查教学案例指引

王　跃　著

出版发行：	知识产权出版社 有限责任公司	网　　址：	http://www.ipph.cn
社　　址：	北京市海淀区气象路 50 号院	邮　　编：	100081
责编电话：	010-82000860 转 8672	责编邮箱：	yp.wu@foxmail.com
发行电话：	010-82000860 转 8101/8102	发行传真：	010-82000893/82005070/82000270
印　　刷：	天津嘉恒印务有限公司	经　　销：	各大网上书店、新华书店及相关专业书店
开　　本：	720mm×1000mm　1/16	印　　张：	16
版　　次：	2020 年 8 月第 1 版	印　　次：	2020 年 8 月第 1 次印刷
字　　数：	245 千字	定　　价：	68.00 元

ISBN 978-7-5130-7040-9

出版权专有　侵权必究

如有印装质量问题，本社负责调换。

序

证据调查是发现事实真相最为重要的手段与方法，是任何诉讼或非诉讼活动的核心及前提。"聂树斌案""呼格吉勒图案""浙江张氏叔侄案""于英生案""陈满案"等大量冤假错案，无不显示出我国法学教育及司法实践在证据调查方面存在严重短板，也印证了证据调查对于法庭审判具有十分重要的作用，无论如何强调也不为过。

证据调查是证据法、程序法、实体法与鉴识科学的跨学科知识融合与运用，涉及案件事实认定的基础性与前提性问题，更是民商法、刑法、行政法、经济法、民事诉讼法、刑事诉讼法、行政诉讼法等部门法甚为倚重且无法回避与绕开的重要法律应用领域。然而绝大多数法学院校却在法律硕士人才培养中忽视证据能力培养，盖因其学科基础多为纯法学，而法学与法庭科学"老死不相往来"、各自为阵、画地为牢的相互割裂式发展，导致法律硕士研究生缺乏证据意识与证据调查能力，法律实务能力差。一言以蔽之，绝大多数法学院校忽视证据调查能力培养并非看轻证据调查的重要地位，而实属心有余而力不足。

法律硕士人才培养需要走出传统法学教育的巢窠，为此，2013年以来，西南政法大学积极探索以证据调查能力培养为目标的法律硕士分流培养改革，着力改变法学教育的"大文科"传统，促进学科融合，夯实其他部门法的证据基础。由于抓住了"证据"这一法学研究与司法实务中的共通性、核心与基础问题，且始终紧扣"以审判为中心"的诉讼制度改革，突出证据调查对于庭审实质化的积极作用，因而能够为司法部门提供懂证据、懂技术、懂法律的"三合一"应用型、复合型的高层次法律人才。同时，西南政法大学拥用雄厚的法学、侦查学以及刑事科学技术的跨学科师资力量，以及证据法学研究中心、刑事辩护研究中心、证据技术国家级实验教学示范中心、国家级权威司法鉴定机构、刑事科学技术重点实验室、大数据（人工智能）侦查联合实验室、电子取证与数据恢复实验室等诸多重量级教学、科研及实践平台，这为实现上述人才培养理念与培养目标提供了强大引擎，也凸显了西南政法大学法律硕士人才培养的特色亮点与发展潜能。

而证据调查教学案例库建设，是创新法学课堂教学方式、丰富案例教学资源的内在要求，一定程度上能够促进多学科思维融合、跨专业能力融合、多学科项目实践融合，也是聚焦"新文科"、建设"双一流"高校的必经之路。作者依托"证据调查教学案例库（2019年度重庆市专业学位研究生教学案例库建设项目）""证据调查创新人才培养导师团队（2019年度重庆市研究生导师团队建设项目）""新文科背景下法律硕士教学案例库建设长效机制研究（2020年度重庆市教委研究生教育教学改革研究重点项目）"等项目，积极开展以证据调查能力培养为目标的研究生教育教学改革研究，并通过修订培养方案、优化课程设置、建设一流课程、建设跨学科导师团队与案例库等力求实现体系化、实质化教改。

本书以全国法律专业学位研究生教育指导委员会2019年征集第四批教学案例征集为契机，精选八个证据调查教学案例，按照教指委的编写要求，每个案例从教学案例概览、教学案例正文、教学指导手册三个方面，阐述民事、刑事等各类案件涉及的证据调查知识与技能。对法律硕士专业学生夯实证据调查的基础理论与实务技能，提高证据调查能力，以及法律硕士证据调查教学，乃至法律界人士从事或研究证据调查具有较好的指引作用与较高的实务价值。认真研读此书的读者一定会发现，本书有四个明显特点：

第一，视野开阔。作者立足自身法庭科学、诉讼法学、证据法学以及刑事侦查学的跨学科专业背景，总结司法鉴定与专家辅助实务中的证据调查实践经验，精心编写此书。所选案例多为作者经办的案例（如案例1、5、8

等),既有各地法院审理的案件,也有最高人民法院、最高人民检察院发布的指导性案例;既有传统证据法原理的解析,也有司法鉴定的观察视角;教学案例包含刑事、民事、非诉各种类型,且涉及一审、二审、再审等不同诉讼阶段,证据类型包含物证、书证、电子证据等主要证据形态,证据调查方法涉及证明责任分配、经验分析、矛盾分析、逻辑推理、印证证明、司法鉴定、单一证据与证据综合审查等,涵盖多个兼顾实体、程序以及相关证据问题的主要知识点。基本满足了全国法律专业研究生教育指导委员会有关案例编写"开篇引人入胜,结尾发人深思,能使读者身临其境"的高阶要求,这使得本书不囿于我国审判实践中的具体证据规则或鉴定程序与技术规范,具有较为开阔的视野。

第二,问题导向。本书基于司法实践中证据审查认定中的证据规则运用误区,以及根深蒂固的"以鉴代审"传统,选取一些复杂诉讼案件讲授证据调查的方法技巧,如书证真实性审查,笔迹样本可比性与鉴定意见可靠性,印章真实是否代表书证真实,先打印后盖章的文件是否推定真实,复印件的证据效力,电子证据审查,"套路贷"与"虚假诉讼"案件的证据分析,鉴定意见质证与专家辅助,检察监督的证据问题等,这些无不涉及司法实践中证据调查领域的高频次复杂问题。通过巧妙的教学设计,将相关知识点嵌入教学案例,深入浅出,娓娓道来,给人耳目一新的感觉,对于创新证据法学课课程教学,开阔司法办案人员、鉴定人员视野,形成证据共识,促进公正司法、严格司法与精密司法均具有积极意义。

第三,"新法科"特色。将证据法原理、规则与法庭科学技术紧密结合,将案件所涉证据、彩色检验图片、微课视频等通过微信公众号的形式呈现,避免了传统法学书籍纯文字描述的弊端,增强了教学案例的"可阅读性、可理解性、学术性、实战性",同时微信公众号也使得该教学用书不再停留于静态纸质材料,而是赋予其动态的学术交流互动功能,"新法科"特色跃然纸上。

第四,潜在读者对象广泛。基于实务导向及跨学科的"新法科"特色,本书潜在的读者对象不仅包括法学专业教师、学生,也涵盖律师、公检法等机关办案人员、鉴定人员等。如鉴定意见质证与专家辅助的知识、笔迹鉴定、朱墨时序检验、打印变造文书检验及其鉴定意见的理解与适用等，有助于鉴定人、律师、法官等提高鉴定业务技能，正确理解鉴定意见与证据法规则、司法证明方法原理之间的关系，等等。因此，本书不仅符合法学专业教学用书的适用范畴，而且对司法鉴定、律师业务、法庭审判等实务工作具有较好的参考借鉴价值。

当然，作为一项教学改革研究成果，本书还存在一些不足。例如，行政诉讼案件尚未涉及，刑事诉讼中的言词证据调查也未涉及，"S 劳务公司诉 L 建筑公司建设工程施工合同纠纷案"的案情正文略显简单，对"套路贷"案件的"套路"揭示尚不够深刻，个别地方的文字表述也不够规范等，这些都将在后续研究中，通过强化团队力量、深化研究而予以完善。

总体而言，我非常乐意将本书推荐给各位读者。同时，我也衷心地希望更多同仁加入创新研究的行列，利用各自的实践经验和专业优势，在学术研究与教学改革过程中继续深化对证据人才培养相关问题的研究，为打破专业壁垒，形成证据人才培养理念共识，推进以审判为中心的诉讼制度改革，促进司法公正作出新的贡献。

最后，我要特别感谢西南政法大学研究生院、教务处等职能部门，刑事侦查学院任惠华、易旻、胡尔贵、马方、张翠玲、胡玉芬等历任领导、相关工作人员以及证据调查教学团队，感谢大家对法律硕士证据调查人才培养工作的鼎力支持！感谢在本书案例编写工作中承担了基础性工作的硕士研究生伍君、王若兰、文智豪、张惊、刘军、吴潇鹏、张鑫、杨家锋、王喆、吴佩玥、胡蝶、蓝玲、黄倩、潘镇洋、袁潇语、杨勇、董韵晨等。

王跃

二〇二〇年七月十日

CONTENTS 目录

S 劳务公司诉 L 建筑公司建设工程施工合同纠纷案 ……………… 1
　　——民事诉讼中对书证的综合审查
　（民事诉讼实务）

A 实业公司等虚假公证非诉执行监督案 ………………………… 37
　（非诉讼法律实务）

陈某浴与内蒙古某石业有限公司合同纠纷案 …………………… 59
　（民事诉讼实务）

陈某某等非法拘禁、敲诈勒索、诈骗案 ………………………… 81
　　——对"套路贷"犯罪的认定与处理
　（刑事诉讼实务）

潘某某与 S 房地产开发有限公司书证鉴定意见质证案 ………… 101
　　——鉴定人、专家辅助人同庭质证程序
　（民事诉讼实务）

欧宝公司诉特莱维公司企业借贷纠纷案 ………………………… 169
　　——虚假民事诉讼的证据审查与认定
　（民事诉讼实务）

孙某某、亓某某非法吸收公众存款案 ·················· 199
　　——刑事诉讼中电子证据的取证、举证、质证和认证问题
　　（刑事诉讼实务）

俞某某与陈某某民间借贷纠纷案 ·················· 215
　　（民事诉讼实务）

S劳务公司诉L建筑公司建设工程施工合同纠纷案

S劳务公司诉L建筑公司建设工程施工合同纠纷案

——民事诉讼中对书证的综合审查

（民事诉讼实务）

教学案例概览

摘　要：本教学案例以一起真实的民事诉讼案例为蓝本，该案围绕一份重要书证的真实性判断及可采性问题，经历了一审、二审、再审，重审后一审、二审并形成终审判决的复杂诉讼历程。其间对该书证还进行了初次鉴定、补充鉴定，而不同法院对于该书证真实性、鉴定意见关联性及证明价值的不同认识，导致了旷日持久的复杂诉讼历程和泾渭分明的裁定或判决。本教学案例聚焦书证真实性的审查认定，将鉴定意见与经验法则、逻辑推理、综合审查等司法证明方法原理的运用有效整合，确保庭审对公正司法、严格司法发挥决定性作用。本教学案例不仅适用于民事诉讼，其基本原理以及教学附录内容同样适用于其他诉讼领域的物证审查认定，对法律硕士学生掌握司法证明方法原理、涉猎司法鉴定知识、提高法律实务技能均有重要价值。

关键词：书证；证据审查与认定；司法鉴定；经验法则；证据裁判原则

[教学案例正文]

一、案件相关背景

　　书证是民事诉讼中最为常见的证据种类，当事人通过其记载的内容来主张某项法律权利、义务或证明案件事实。对书证真实性的审查认定，一方面，必须放在案件多元证据体系下进行综合审查，善用经验法则、逻辑推理、矛盾分析等司法证明方法原理判明真伪；另一方面，书证作为广义的物证，为"哑巴证人"，还有待物证鉴定专家对其进行解读，由此派生出的鉴定意见证据在法庭证据调查活动中发挥"科学证据"的证明作用。然而，由于鉴定意见仅仅是鉴定人的个人判断，受科学技术发展水平、鉴定事项设置、鉴定人的专业技术与实践能力等多方面原因的影响，鉴定意见的科学可靠性尚不能整齐划一。在案件多元证据体系下，对书证真实性的审查认定，是否应当一味求诸司法鉴定以致助长"以鉴代审"？可否大胆运用经验法则、逻辑推理、矛盾分析等司法证明方法原理，以此决定鉴定必要性以及书证可采性？如果要进行司法鉴定，如何科学设置鉴定事项才能还原案件事实真相，且与经验法则等相佐证？

　　本教学案例以"S劳务公司诉L建筑公司建设工程施工合同纠纷案"为蓝本，该案针对一份书证进行了两次司法鉴定，并围绕书证真实性及案件事实认定，将诉讼推向复杂化，再审撤销原一、二审判决并发回重审后，此案又经过两次审判后才形成终审判决（见附录1）。该案针对书证真实性及可采性的证据审查认定方法值得法律硕士研究生甚至司法办案部门认真学习，尤其是学习如何处理鉴定意见与经验法之间的关系，这是规范证据裁判、严格司法责任制的基本要求，也是本教学案例的核心任务与目标；同时，本教学案例旨在在更高的诉讼目标层次上形成法律人的共同理念信仰，即通过科学设置司法鉴定委托事项，理性运用经验法则，全面贯彻证据裁判原则与庭审质证实质化要求，促进公正司法与严格司法，尽可能地使案件事实认定符合客观真相、办案结果符合实体公正、办案过程符合程序公正，让人民群众真真切切地在每一个案件中感受到公平正义。

二、基本案情介绍

（一）案件经过（见附录1）

2010年6月，S劳务公司的项目经理谭某与L建筑公司的项目经理夏某口头约定，L建筑公司将其承包的某项目中部分工程劳务分包给S劳务公司。其后，S劳务公司与L建筑公司分别于2011年7月19日和2011年12月2日分别签订《补充协议》（1）和《补充协议》（2），约定合同未尽事宜。2012年2月16日，S劳务公司与L建筑公司签订《补充协议》（3），该协议约定：S劳务公司必须于2012年3月1日前向L建筑公司上报完整的结算资料，L建筑公司须于2012年3月31日前将S劳务公司提交的结算资料审核完成，并按L建筑公司所审核的结算金额支付工程款总额的97%（基础及保证金不扣保修金），剩余3%作为工程质量保修金，结算完成一年后7日内退保修金的70%，两年退完（若L建筑公司在2012年3月31日前未办理完结算，以S劳务公司所报结算金额为准）；若结算后L建筑公司实际支付金额已超过结算金额，S劳务公司必须在3日内将多付金额退还L建筑公司。

2012年2月28日，S劳务公司向L建筑公司提交《西城新苑结算表》，L建筑公司的项目经理夏某于同日签收。该结算表载明的工程结算金额合计10 759 540.21元。一审期间，L建筑公司向法庭提交了一份时间为2013年12月、工程结算金额为7 554 787.83元的"劳务结算单"，同时还提交了截至2013年7月18日L建筑公司支付S劳务公司项目经理谭某的工程款明细表，共计29笔支付明细。S劳务公司对L建筑公司支付的1~23项共计8 735 457.77元予以认可；S劳务公司称未委托L建筑公司代其支付第24~29项的款项，不认可L建筑公司向S劳务公司支付了相应的工程款。

S劳务公司认为，依《补充协议》（3）之约定，因L建筑公司在2012年3月31日前未办理完结算，故应以S劳务公司所报结算金额为准。S劳务公司遂于 2014 年 3 月 4 日向 C 市 D 区人民法院提起诉讼，请求判令 L 建筑公司支付 S 劳务公司剩余工程款及保证金 1 908 196.44 元以及迟延履行之利息，并由 L 建筑公司承担本案诉讼费。

(二) 关键证据与争议焦点，司法鉴定及质证情况

1. 关键证据与争议焦点

在 C 市中级人民法院二审过程中，L 建筑公司举示了一份新证据，即落款时间为 2012 年 3 月 27 日并加盖有"S 劳务公司"公章印文的《致 S 劳务公司关于结算的函》(见附录 2)，该书证的出现使得该案从此进入了旷日持久的诉讼，并历经再审、重审及多次鉴定。在相关诉讼阶段中，法庭对案内其他证据及所涉及的事实问题、法律问题均已查明且双方无争议，诉讼双方争议焦点、法庭审理重心均聚焦于《致 S 劳务公司关于结算的函》的真实性及其鉴定意见的可采性。

《致 S 劳务公司关于结算的函》所载明的核心内容为：L 建筑公司在收到 S 劳务公司提交的结算资料后，于 2012 年 3 月 20 日完成了结算审核，并告知 S 劳务公司：①L 建筑公司审核认定的"工程总结算金额为 7 523 576.83 元"；②若 S 劳务公司不认可此结算审核结果，请在收到本函(《致 S 劳务公司关于结算的函》) 15 个工作日内提出书面异议。若 S 劳务公司在收到本函 15 日内未对 L 建筑公司的结算审核结果提出书面异议，L 建筑公司将视为 S 劳务公司认可 L 建筑公司的结算审核结果并同意按此结算审核结果结算全部工程款。其落款为"签收单位：S 劳务公司(单位盖章)，2012 年 3 月 27 日"，并加盖有 S 劳务公司公章印文。

因此，本案的争议焦点在于《致 S 劳务公司关于结算的函》的真实性及可采性，其直接影响案件事实认定的客观性与准确性，也即诉讼双方的工程结算究竟该以 2012 年 2 月 28 日 S 劳务公司向 L 建筑公司提交的《西城新苑结算表》所载明的 10 759 540.21 元为结算依据，还是以 L 建筑公司审核，且已"送达" S 劳务公司并"签收"的《致 S 劳务公司关于结算的函》所载明的 7 523 576.83 元为结算依据，一审、二审、再审，重审阶段一审、二审都围绕此争议焦点进行。

2. 司法鉴定及质证情况

（1）初次鉴定及质证情况。

L建筑公司因不服原一审判决提起上诉，并在二审阶段举示新证据（《致S劳务公司关于结算的函》），被上诉人S劳务公司当即声称此书证系虚假证据，并申请对该份证据上加盖的"S劳务公司"公章印文的真实性及该书证是否形成于2012年4月1日之前进行司法鉴定。西南政法大学司法鉴定中心于2015年12月15日出具司法鉴定意见书，鉴定意见为："1.检材印文与样本印文应为同一枚印章盖印形成。2.不能确定送检函件是否形成于2012年4月1日之前。"

在对该鉴定意见书质证时，L建筑公司陈述，该份函件系L建筑公司打印，记不清楚该份函件具体送达时间，但认为如S劳务公司对打印的送达时间有异议，应该做出修改后再盖章，但该函件并无修改，应推断是2012年3月27日当天送达；L建筑公司对鉴定意见书无异议，其主要观点在于该书证已送达并由S劳务公司签收盖章，因此其真实性不容置疑。S劳务公司对鉴定意见书真实性无异议，但对鉴定意见的合法性有异议，认为鉴定程序不合法，鉴定意见应不予采信。

（2）补充鉴定。

本案中L建筑公司不服原一、二审判决，提起再审申请，再审裁定撤销原一、二审判决并发回重审；重审阶段，S劳务公司对《致S劳务公司关于结算的函》提出补充鉴定申请，鉴定事项为"检材上打印字迹与印文的形成先后顺序；检材是否于落款时间形成；检材是否存在伪造、变造"。西南政法大学司法鉴定中心受理补充鉴定委托，并于2018年2月8日出具司法鉴定意见书。

鉴于补充鉴定意见书对终审判决的决定性影响，以及本案例中有关司法证明原理、证据法则、司法鉴定专业知识等方面的综合运用与教学安排技巧需要，对西南政法大学司法鉴定中心的此份鉴定意见究竟作何表述，诉讼双方对该鉴定意见的态度立场，本案中法官审查书证与鉴定意见的方法、技巧，此处暂且不作表述，留作教学指导手册内容。（见附录2至附录7）

[教学指导手册]

一、教学具体目标

通过对本教学案例的分析,让学生理解和掌握以下知识技能:(1) 经验法则的诉讼运用;(2) 书证真实性审查的鉴定思路;(3) 证据的审查判断;(4) 通过司法鉴定实现精密司法;(5) 贯彻证据裁判原则,促进公正司法与严格司法。

二、教学内容

(一) 经验法则的诉讼运用

1. 何为经验法则

对案件事实的认定,离不开法官的自由心证,而自由心证不仅受到证据规则的约束,同时也应遵循经验法则。在证据法意义上,经验法则是指法官将依照日常生活中在特定条件下所形成的反映事物之间内在必然联系的事理作为认定待证事实的根据。事理作为某一事物及事物相互之间产生、发展和变化的一种定型化的常态模式,并非仅为法官的主观经验作用,它以一定确实性和合理性作为自身的客观基础。可以说,证据规则为自由心证提供了基本资料,法官以此为基础利用法律推理演绎,并结合经验法则进行心证。所以法官在作出裁判时应结合案件背景,全面审查双方当事人所提交的诉讼资料和证据材料后作出法律逻辑推理,而在对事实的认定上,除非有充分的反证,否则不得违背经验法则,不得存有武断、偏见的倾向。

2. 经验法则在本案中的运用

本案中,L建筑公司在原二审提交的新书证,即《致S劳务公司关于结算的函》(见附录2)成为案件发回重审的关键因素。并且可以发现,基于相同的证据,再审法院作出了与原一、二审法院截然不同的裁定(见附录8)。因此,以这份新书证为例进行分析,有助于充分理解经验法则的诉讼运用及价值。

第一，按照落款日期，该函件形成于 2012 年 3 月 31 日之前，且是决定上诉人 L 建筑公司胜诉的关键证据。而 L 建筑公司在一审中（2014 年 3 月）对该证据的存在只字未提，直到二审（2015 年）才提出。此情形有违经验法则，应当由 L 建筑公司说明理由。

第二，函件格式及内容有违日常使用习惯。该函件由 L 建筑公司发给 S 劳务公司，但抬头和落款单位均为收件人，即 S 劳务公司，同时正文中"贵司""我司"称谓与文件抬头及落款单位名称相矛盾，最后该函件落款位置亦无发函单位 L 公司名称及盖章。

第三，自认证据自相矛盾。审查该函件内容，发现 L 建筑公司在 2012 年 3 月 27 日载明的工程劳务结算金额 7 523 576.83 元，与其一审提交的 2013 年 12 月制作的"劳务结算单"上载明的结算金额不一致。

第四，L 建筑公司主张的结算完成时，其实付款远超过结算金额。该函件上载明截至 2012 年 3 月 27 日，L 建筑公司审核确认的工程劳务结算金额为 7 523 576.83 元。而事实上，截至 2012 年 3 月 16 日，L 建筑公司实际已付 S 劳务公司金额达 8 973 009.77 元，且多付部分在长达 6 年的时间里，没有向被上诉人提出返还，这都不符合常理。

第五，印章真实不等于协议真实。虽然该函件上加盖的 S 劳务公司的印章经过司法鉴定为 S 劳务公司的真实印章，但依经验法则，印章真实不等于协议真实。最高人民法院公报案例"陈呈浴与内蒙古昌宇石业有限公司合同纠纷案"【(2014) 民提字第 178 号】，就是强调"印章真实不等于书证真实"的经典判例。

第六，函件送达程序不符合公司函件来往日常管理制度。L 建筑公司无法详细指出该函件于 2012 年 3 月 27 日当天送达给 S 劳务公司的具体时间、地点、S 劳务公司的接收人员等关键点。

运用经验法则，并结合本案其他证据，可以发现新书证，即《致 S 劳务公司关于结算的函》的内容与送达等存在诸多有违常理之处，并与 L 建筑公司自己提出的证据与诉讼主张相互矛盾。因此，该份书证的真实性高度存疑，达不到优势证据的证明标准，L 建筑公司应当承担举证不能的不利后果。

3. 两次裁判中对新证据采信情况的认定说理

对于该函件，原二审法院认为，"L 建筑公司举示的《致 S 劳务公司关于结算的函》在送达时间与 L 建筑公司自己举示的证据以及主张上存在矛盾及不符合常理之处，故对该证据本院不予采信"。

再审裁定书中，再审法官认为该函件可以支持 L 建筑公司的主张，即"……印章经过司法鉴定为 S 劳务公司的真实印章……若 S 劳务公司对该时间有异议，理应在该函件上签具实际收到时间，而 S 劳务公司将章盖在打印时间为'2012 年 3 月 27 日'的函上，没有另行签注时间，之后也无证据表明其对此曾提出了异议，故 S 劳务公司收到该函件的时间可确认为该函件上打印的落款时间'2012 年 3 月 27 日'"。

为何两级法院对于同一个证据的认定及推定大相径庭？教学过程中可以从经验法则的盖然性、鉴定意见证据采信的实证分析，或者我国司法制度、鉴定制度等多角度进行研究探讨。事实上，本案重审阶段的补充鉴定意见及裁判理由，最终否定了该书证的真实性，印证了经验法则的可适用性。

（二）书证真实性审查的鉴定思路

《最高人民法院关于民事诉讼证据的若干规定》（2020 年 5 月 1 日起施行）（以下简称《证据规定》）第九十二条第三款规定："私文书证上有删除、涂改、增添或者其他形式瑕疵的，人民法院应当综合案件的具体情况判断其证明力。"所以，一般在运用经验法则和逻辑推理就可以查明案件争议事实的情况下，则无须考虑进行司法鉴定，以避免"以鉴代审"的情况出现。但若求诸司法鉴定，就应切实发挥司法鉴定"定海神针"的作用。

1. 书证真实性审查与文书司法鉴定

书证是以文书内容证明案件事实的证据材料。书证得以成为定案根据离不开对其真实性的评价。因此，在民事诉讼中，书证的真实性审查也就成为证据调查的核心问题。

书证真实性审查除了借助经验法则外，多数情况下还需要求诸司法鉴定。文书司法鉴定必须紧扣书证的构成要素，从多个角度对文件进行系统鉴定，以鉴别书证的真伪。书证的构成要素包括：文件的形式、内容、言语、笔迹、材料、书写工具、印迹、污损、防伪及其他痕迹等。鉴定时应将这些构成要素与案件事实有关的其他外部要素密切联系起来。真实完整的文书一旦形成，它所包含的各个要素相互形成制约，若改变其中的一个或多个要素，则必然导致其他要素发生异常变化。

以本案书证为例，不能仅以部分要素真实，即印文真实，以及落款部位为先打印后盖章，就推定书证真实。而应结合书证上的其他要素，如正文是否为二次添加打印形成、正文与落款是否为同一台打印机打印、正文与落款排版特征是否相同等，有针对性、多角度地对书证进行系统鉴定。避免由于片面的鉴定，导致案件事实真相被蒙蔽，甚至造成冤假错案。

2. 二次添加打印变造文书的鉴定要点

本案中委托鉴定的《致 S 劳务公司关于结算的函》是一份典型的经过二次添加打印的变造文书。其利用一份已经打印好落款单位名称、日期并盖好公章的纸质材料，在该纸质材料的空白部位添加打印标题、抬头及正文字迹内容，以实现文书的变造目的。此函件的落款印文是真的，先打印后盖印即印文形成时序也是正常的，但二次添加打印的正文等内容却是虚假的，即正文等系添加变造形成。（见附录 3 至附录 7 所附鉴定意见书及检验图片）

以本案书证为例，认定系二次添加打印形成，通常有以下几方面依据：首先，真实文字与争议位置文字的行基线可能出现相对倾斜（见附录 4）、行距可能存在差异（见附录 5）、左右页边距存在差异。这是因为二次添加打印必然伴随着二次进纸动作，而由于打印机进纸、走纸机构故障导致的走纸打滑、机械失效等因素，以及纸张在纸盒中摆放的前后、左右位置和是否摆放歪斜等因素的影响，必然造成二次添加打印的文字内容不可避免地出现以上共性特征。其次，打印机种类或个体特征可能存在差异。最后，墨迹色料的种类及表现形态等可能存在差异（见附录 7）。在具体的案例中，上述认定依据可能出现其一，也可能组合出现。

3. 文书鉴定委托事项规范

合理提出委托事项对发挥鉴定意见的科学性证据价值具有重大意义。文书鉴定的思路和常见鉴定事项主要包括：(1) 发现疑点，寻找突破口，厘定鉴定要求；(2) 鉴别印章真伪；(3) 朱墨时序鉴定（章、字先后顺序）；(4) 添加、换页及其他变造手法检验；(5) 文件形成时间鉴定。以本案例中的两次鉴定委托为例进行说明（见表1）。

表 1　本案例中的两次鉴定委托

第一次鉴定委托事项	第一次鉴定意见	第二次鉴定委托事项	第二次鉴定意见
1. 印章是否为同一枚印章	由同一枚印章盖印形成	1. 检材上打印字迹与印文的形成时序	先打印后盖印
2. 该函件的形成时间是否为2012年4月1日之前	不能确定	2. 检材是否为落款时间形成	不能确定
/	/	3. 检材是否存在伪造变造	属于二次添加打印变造

首先，两次都出现了对形成时间节点的鉴定要求，分别为"该函件的形成时间是否为2012年4月1日之前"和"检材是否为落款时间形成"，鉴定意见都为"不能确定"。这类包含绝对时间节点的鉴定，依据现有的技术手段得出准确结论是相对困难的，作为替代，可以委托鉴定相对形成时间辅之确定或者排除。其次，两次鉴定委托中"印章是否为同一枚印章""检材上打印字迹与印文的形成时序"（见附录6）是常见的切入点，但印章真实不等于协议真实，先打印后盖章的正常时序亦不能排除书证的虚假性，所以还需要寻求其他鉴定思路，比如该文书的内容（如正文与落款部位字迹、印文等）是否同时形成，"检材是否存在伪造变造"。第二次鉴定委托正是基于这一扩展的鉴定思路，得出了更具说服力、能够直接证明书证真实与否的鉴定意见。

（三）证据的审查判断

1. 单个证据的审查判断

《证据规定》第八十七条规定："审判人员对单一证据可以从下列方面进行审核认定：（一）证据是否为原件、原物，复制件、复制品与原件、原物是否相符；（二）证据与本案事实是否相关；（三）证据的形式、来源是否符合法律规定；（四）证据的内容是否真实；（五）证人或者提供证据的人与当事人有无利害关系。"

具体而言，单个证据的审查判断，是指为了判断和确认单个证据的真实性和有效性，而对单个证据本身进行审查、判断的方法，也称逐证审查判断法。其主要做法包括：（1）审查单个证据来源。审查单个证据的来源，旨在判明该证据是否具有客观真实性。任何证据都有一定来源，证据的来源主要包括证据是如何形成的，是谁提供或者收集的，收集的程序是否合法，收集的方法是否科学，其形成是否受到主客观因素的影响等方面。对于实物证据，要认真审查其收集、保全情况，尤其应特别注意有无伪造、变造或变化。本案例中L建筑公司举示的《致S劳务公司关于结算的函》，经司法鉴定，被法院认定为变造文书，不能作为证据使用。对于证人证言等言词证据，如果是传闻证据，应最大限度地追根溯源，最好能查到原始的第一手资料。（2）审查证据与案件事实之间的联系。审查证据与案件事实之间的联系，旨在判断证据与案件事实是否具有关联性。证据必须是与案件情况有内在联系的客观事实，才能具有证明案件真实情况的作用。凡是与案件无关的事实和材料，均不得作为证据，并应从收集的证据材料中予以剔除。（3）审查证据的收集是否合法。审查证据的收集是否合法，旨在判断证据的有效性。最高人民法院《关于适用〈中华人民共和国民事诉讼法〉的解释》（以下简称《民事诉讼法司法解释》）第一百零六条规定："对以严重侵害他人合法权益、违反法律禁止性规定或者严重违背公序良俗的方法形成或者获取的证据，不得作为认定案件事实的根据。"因此，审查判断证据，必须查明每个证据是在什么条件下收集的，收集程序、方法是否符合法律的要求。（4）对每个证据进行具体分析。对每个证据进行具体分析，旨在判断该证据是否合情合理。只有对每个证据形成的时间、地点、空间、条件等因素进行具体审查，作具体分析，才能通过外部特征把握其内容，判断其真伪，作出客观的判断。如果某一证据自身存在逻辑矛盾，前后不一致，显然不合乎情理，那么该证据就不可能是真实的。对于模棱两可，内容含混不清，存在多种理解的证言、陈述，应审慎对待，无法查证的，不能作为有效的证据使用。本案例中L建筑公司举示的《致 S 劳务公司关于结算的函》，在一审法院重审过程中，L 建筑公司无法详细指出该函件于 2012 年 3 月 27 日当天送达 S 劳务公司的具体时间、地点、S 劳务公司的接收人员等关键点，这不符合公司函件来往日常管理制度，故该函件的真实性存疑。

2. 全案证据的审查判断

《证据规定》第八十八条规定："审判人员对案件的全部证据，应当从各证据与案件事实的关联程度、各证据之间的联系等方面进行综合审查判断。"

证据矛盾普遍存在，包括证据内的矛盾、证据间的矛盾、证据与事实的矛盾、证据与情理的矛盾。本案例对于全案证据的审查判断充分运用了矛盾分析法，具体内容如下。（1）L 建筑公司举示的前后两份书证所反映的内容与情理存在矛盾。第一份书证是 L 建筑公司截至 2013 年 7 月 18 日支付谭某（S 劳务公司项目经理）工程款明细表，该明细表显示，截至 2012 年 3 月 16 日，L 建筑公司主张的已付款（包括代付款）已达 8 973 009.77 元。第二份书证是 L 建筑公司举示的《致 S 劳务公司关于结算的函》，该函件上载明的工程劳务结算金额为 7 523 576.83 元。即，L 建筑公司主张的结算完成时，其工程已付款已经远远超过结算金额。在此种情况下，L 建筑公司称其在该函件送达之后还有向 S 劳务公司支付费用的行为，这完全不符合常理。（2）当事人陈述和鉴定意见之间存在矛盾。L 建筑公司第一次举示《致 S 劳务公司关于结算的函》时，对该证据的形成情况及证明目的向法庭陈述为：该函件系 L 建筑公司打印形成，L 建筑公司向 S 劳务公司送达后，S 劳务公司加盖公章返还给 L 建筑公司，如 S 劳务公司对送达时间有异议，应做出修改后再盖章，但该函件并无修改，应推断是 2012 年 3 月 27 日当天送达。然而，一审法院重新审理此案时，对该函件是否系变造形成进行了司法鉴定，结论为：该函件系利用一份有落款单位名称、日期字迹并加盖有"S 劳务公司"印文的纸张上二次打印标题、抬头及正文字迹内容而变造形成。即，该函件在加盖公章时并无标题、抬头、内容，L 建筑公司的陈述与鉴定意见显然存在矛盾。（3）当事人对同一事实的前后陈述自相矛盾。L 建筑公司第一次举示《致 S 劳务公司关于结算的函》时，对该证据的形成情况及证明目的向法庭陈述为：该函件系 L 建筑公司打印形成，L 建筑公司向 S 劳务公司送达后，S 劳务公司加盖公章返还给 L 建筑公司。在一审法院重新审理该案期间，补充鉴定意见出具之后，L 建筑公司随即将其陈述改变为：该函件系 S 劳务公司在空白文件上盖章后交给 L 建筑公司。但 L 建筑公司在补充鉴定意见出具前从未提过该事实，且不能就改变陈述作出合理解释，因此，L 建筑公司前后陈述属自相矛盾。

综上，本案例中，无论是对单个证据的审查判断，还是对全案证据的审查判断，都表明 L 建筑公司举示的《致 S 劳务公司关于结算的函》不具备真实性，不能作为证据使用。由于 L 建筑公司举示的证据不能证实其在 2012 年 3 月 31 日前完成了对案涉工程的结算，按照《补充协议》（3）的约定，应当将 S 劳务公司上报的结算金额 10 759 540.21 元作为案涉工程的结算金额。

（四）通过司法鉴定实现精密司法

"精密司法"是一个用于形容日本刑事司法程序特色的专有名词，具有程序精密和结果精准的优点，蕴含着认真负责的工作态度。

鉴定人并非只是完全按照鉴定委托进行鉴定，然后吐出鉴定意见的司法"机器"。在案件涉及专业问题时，鉴定人作为"科学法官"，其鉴定意见在诉讼中具有重要的地位和作用。鉴定人积极参与诉讼并非越权，反而有利于充分发挥其专业优势帮助主审法官审理案件、解决争点，促进精密司法与严格司法，在个案中释放出强大的公正价值。

1. 实现精密司法，需要鉴定人积极参与委托鉴定事项的设定环节

司法鉴定是指在诉讼活动中鉴定人运用科学技术或者专门知识对诉讼涉及的专门性问题进行鉴别和判断，并提供鉴定意见的活动。结合本案我们发现，不恰当的委托鉴定事项可能会导致正确却片面的鉴定意见，进而导致事实认定错误，最终偏离公正司法的目标。

我们都期待有业务能力高、责任心强的鉴定人在发现委托事项的问题后，主动通过司法鉴定机构联系委托单位修正委托鉴定事项，以此来解决委托事项错误或者片面而可能导致的累诉、缠诉、冤假错案等问题。

2. 实现精密司法，需要鉴定人积极参与鉴定意见质证环节

鉴定意见本质上是言词证据，是鉴定人的一份书面证言。鉴定意见无法回答专家辅助人及其他质证主体的任何提问，所以需要鉴定人出庭积极参与质证环节。《证据规定》《中华人民共和国民事诉讼法》（以下简称《民事诉讼法》）和《司法鉴定程序通则》中规定有对鉴定人出庭的要求。❶ 鉴定人出庭的根本目的是通过参与庭审质证，帮助法庭认识、理解鉴定意见，帮助法庭判断司法鉴定意见证据的可采性。此外，鉴定人出庭后发现鉴定意见存在形式上的瑕疵，可在法庭上予以补充说明。总之，鉴定人出庭作证、接受质证有利于降低"科学证据"背后潜藏的风险，促进实体公正与程序公正。在遵循程序公正的基础上，应当鼓励鉴定人积极参与相关诉讼环节，促进精密司法，实现个案正义。

（五）贯彻证据裁判原则，促进公正司法与严格司法

无论是运用经验法则、矛盾分析等司法证明方法原理，还是求诸司法鉴定，诉讼过程中对证据的审查认定，首先，应当坚持证据裁判原则，这是事实认定的核心与前提。其次，对于物证及其鉴定意见，应当倡导鉴定人、专家辅助人出庭，就专业问题进行质疑、辩驳、说明，推动对抗式诉讼与庭审实质化，避免出现"以鉴代审""庭审走过场"的情况。最后，对于证据的审查认定，应当进行充分的裁判说理，以防止法官自由裁量权的滥用。总之，通过严格贯彻证据裁判原则，能够促进公正司法与严格司法，实现诉讼终极目标。

三、教学预期效果

通过本案例的课堂教学，使学生能够更充分地认识和把握经验法则的诉讼运用；掌握文书真实性鉴别的鉴定思路，尤其是印章真伪、朱墨时序、二次添加打印、形成时间、伪造变造等系统鉴定思维；掌握证据审查方法；认

---

❶ （1）《证据规定》第三十三条规定："鉴定开始之前，人民法院应当要求鉴定人签署承诺书。承诺书中应当载明鉴定人保证客观、公正、诚实地进行鉴定，保证出庭作证……"

（2）《民事诉讼法》第七十八条规定："当事人对鉴定意见有异议或者人民法院认为鉴定人有必要出庭的，鉴定人应当出庭作证。经人民法院通知，鉴定人拒不出庭作证的，鉴定意见不得作为认定事实的根据；支付鉴定费用的当事人可以要求返还鉴定费用。"

（3）《司法鉴定程序通则》第五章集中规定了"司法鉴定人出庭作证"内容。

识和把握通过司法鉴定实现精密司法的方法；贯彻证据裁判原则，加强庭审实质化，促进公正司法与严格司法。

四、教学课时安排

本案例可以作为专门的实务案例教学课来进行，整个案例的课堂教学安排为6个课时，每课时45分钟。

五、课堂教学计划

1. 课前计划

预先将教学案例发给学生，使其收集同类型案例和与案例相关的材料，鼓励学生带着思考和疑问来听课，并进行小组讨论。

2. 课中计划

（1）介绍教学目的，明确课题议题；

（2）讲授和演示主要知识点；

（3）分组展开讨论，并由小组长整理学生课前作业发现的问题，组织全班讨论；

（4）针对整理出的问题，由教师进行解答和归纳总结。

3. 课后计划

给出其他如二次添加变造打印文书的案例，让学生运用所学知识并结合案情及案内其他证据，对证据进行审查认定；思考是否能够凭借经验法则、逻辑推理等对文书证据鉴别真伪，是否有必要进行司法鉴定。如果进行鉴定，独立提出合理的委托鉴定事项。评价鉴定意见书，讨论该鉴定意见作为证据在全案认定中的作用，对全案证据进行综合审查运用。

六、思考题和实践题

（一）思考题

（1）简述经验法则的含义及其在证据审查、案情认定中的使用条件和使用规则。

（2）文书伪造、变造的基本手段有哪些？

（3）书证材料上部分元素（签名、指印、印文）真实是否代表该书证一定整体真实并可采为定案根据？

（4）二次添加打印变造文书鉴定中可能需要鉴定哪些事项？

（5）思考准确地提出鉴定要求的重要性。如何更加准确地提出鉴定要求？

（6）简述单个证据审查规则。

（7）简述全案证据综合审查规则。

（8）掌握对新证据的理解和使用。

（9）如何理解精密司法？如何通过鉴定人、有专门知识的人参与诉讼促进精密司法？

（10）庭审实质化的内涵。

（11）如何贯彻证据裁判原则，促进公正司法与严格司法？

（二）实践题

（1）假设你作为专家辅助人，针对本案例中第一份鉴定意见，你将如何质证？

（2）假设你是鉴定人，针对一份计算机打印文件，你准备如何着手鉴定？

（3）假如你是本案主审法官，你会同意每一份鉴定申请吗？对于已经得到的两份书证鉴定意见，你将如何对两份书证鉴定意见进行审查和适用？简述理由和依据。

（4）假如你是再审主审法官，请你对《致 S 劳务公司关于结算的函》作出的认定理由进行细化。

（5）试着从不同角度或采用不同形式，制作一份本案的诉讼图表。

七、延伸阅读

（1）王跃："打印变造文书的检验流程及要旨"，载《中国司法鉴定》2012 年第 2 期。

（2）曹治勋："经验法则适用的两类模式——自对彭宇案判决说理的反思再出发"，载《法学家》2019 年第 5 期。

（3）琚明亮："重新认识'经验法则'"，载《检察日报》2019年9月11日。

（4）汪海燕："印证：经验法则、证据规则与证明模式"，载《当代法学》2018年第4期。

（5）龙宗智："试论证据矛盾及矛盾分析法"，载《中国法学》2007年第4期。

（6）苏青："司法鉴定启动条件研究"，载《证据科学》2016年第4期。

（7）王跃：《刑事诉讼中的鉴定意见质证制度研究》，法律出版社2017年版。

（8）刘文峰："日本精密司法经验及启示"，载《人民检察》2014年第1期。

（9）蒋勇：《诉讼可视化》，法律出版社2017年版。

（10）夏丹："庭审实质化视角下民事庭审话语叙事研究"，载《法学评论》2017年第6期。

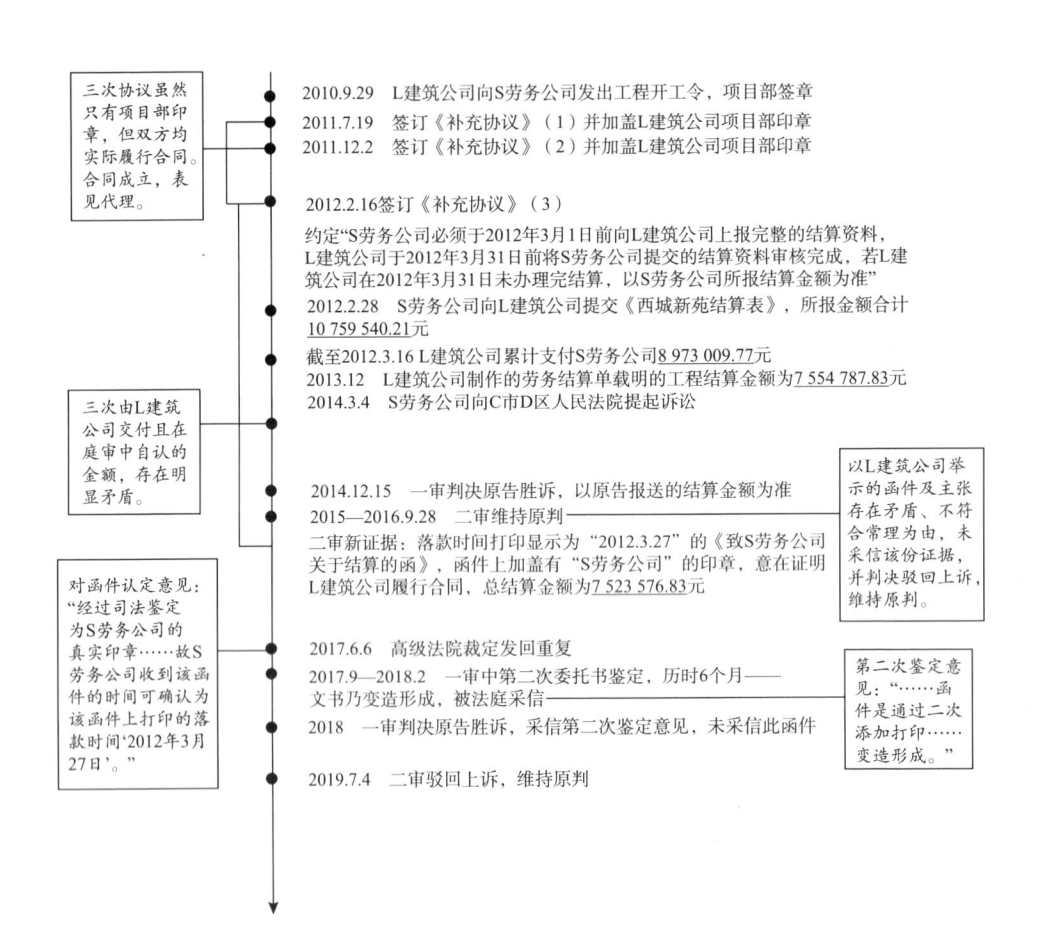

附录

附录1："S 劳务公司诉 L 建筑公司建设工程施工合同纠纷案"案情梳理图

批注	时间线	批注
三次协议虽然只有项目部印章，但双方均实际履行合同。合同成立，表见代理。	2010.9.29　L建筑公司向S劳务公司发出工程开工令，项目部签章 2011.7.19　签订《补充协议》（1）并加盖L建筑公司项目部印章 2011.12.2　签订《补充协议》（2）并加盖L建筑公司项目部印章 2012.2.16签订《补充协议》（3） 约定"S劳务公司必须于2012年3月1日前向L建筑公司上报完整的结算资料，L建筑公司于2012年3月31日前将S劳务公司提交的结算资料审核完成，若L建筑公司在2012年3月31日未办理完结算，以S劳务公司所报结算金额为准" 2012.2.28　S劳务公司向L建筑公司提交《西城新苑结算表》，所报金额合计10 759 540.21元	
三次由L建筑公司交付且在庭审中自认的金额，存在明显矛盾。	截至2012.3.16 L建筑公司累计支付S劳务公司8 973 009.77元 2013.12　L建筑公司制作的劳务结算单载明的工程结算金额为7 554 787.83元 2014.3.4　S劳务公司向C市D区人民法院提起诉讼	
	2014.12.15　一审判决原告胜诉，以原告报送的结算金额为准 2015—2016.9.28　二审维持原判 二审新证据：落款时间打印显示为"2012.3.27"的《致S劳务公司关于结算的函》，函件上加盖有"S劳务公司"的印章，意在证明L建筑公司履行合同，总结算金额为7 523 576.83元	以L建筑公司举示的函件及主张存在矛盾、不符合常理为由，未采信该份证据，并判决驳回上诉，维持原判。
对函件认定意见："经过司法鉴定为S劳务公司的真实印章……故S劳务公司收到该函件的时间可确认为该落款时间'2012年3月27日'。"	2017.6.6　高级法院裁定发回重复 2017.9—2018.2　一审中第二次委托书鉴定，历时6个月——文书乃变造形成，被法庭采信 2018　一审判决原告胜诉，采信第二次鉴定意见，未采信此函件 2019.7.4　二审驳回上诉，维持原判	第二次鉴定意见："……函件是通过二次添加打印……变造形成。"

附录 2：《致 S 劳务公司关于结算的函》

致 S▊▊劳务▊▊公司关于结算的函

S▊▊劳务▊▊公司：

贵司分包了我司 L▊▊建筑▊▊▊▊公司总包的西城新苑农转非安置房第三期工程 第3号、第4号、第5号、第6号楼土建劳务工作。2012年2月贵司由于自身资金的原因在未完成合同约定工程量和未支付完清农民工工资的情况下提前退场，贵司也向我司提交了结算资料。我司根据贵司提交的结算资料和相关协议按贵司的实际施工完成内容于2012年3月20日完成了审核，结算审核结果为7523576.83元。我司完成审核后于2012年3月20日至今一直和贵司的本工程负责人谭▊、罗▊对本工程的结算审核结果进行沟通，但一直未达成一致意见，针对此情况我司特书面通知贵司：

1、贵司在西城新苑农转非安置房第三期工程 第3号、第4号、第5号、第6号楼土建劳务工作的总结算金额为7523576.83元。

2、若贵司不认可此结算审核结果，请贵司在收到本函15个工作日内提出书面异议。若贵司在收到本函 15 日内未对我司的结算审核结果提出书面异议我司将视为贵司认可我司的结算审核结果并同意按此结算审核结果结算全部工程款。

3、请贵司在2012年3月前结清本项目所欠人工、材料、机械费用，若因贵司欠费影响我司，我司可以在不经贵司认可的情况下直接支付并在贵司工程款中扣除。

签收单位：S▊▊▊劳务有限公司（单位盖章）
2012 年 3 月 27 日

附录3：西南政法大学司法鉴定意见书（第二次补充鉴定）

西南政法大学司法鉴定中心

司法鉴定意见书

西政司法鉴定中心〔2017〕司鉴文字第＊＊＊号

一、基本情况

委托人：C市D区人民法院〔201＊渝＊＊民初＊＊＊号〕

鉴定材料：

落款日期为2012年3月27日、落款单位名称为"S劳务公司"、抬头单位名称为"S劳务公司"的《致S劳务公司关于结算的函》原件一份共一页（下称检材，标识为JC）。

受理日期：201＊年＊月＊日

委托事项：

1. 检材上打印字迹与印文的形成时序。

2. 检材是否为落款时间形成。

3. 检材是否存在伪造变造。

鉴定日期：201＊年＊月＊日至201＊年＊月＊日

鉴定地点：西南政法大学司法鉴定中心

二、检案摘要

委托方因审理S劳务公司与被告L建筑公司建设工程施工合同纠纷一案，因涉及案件专门性问题，特委托本中心对上述委托事项进行司法鉴定。

三、检验过程及分析说明

本中心于201＊年＊月＊日受理本次鉴定委托，因检材保存于市高级人民法院，本中心在收到检材原件并查收到鉴定费后实施鉴定。

本次鉴定参照 SF/Z JD0201001—2010、SF/Z JD0201005—2010、SF/Z JD0201004—2010、SF/Z JD0201007—2010 等技术规范的相关规定，在西南政法大学司法鉴定中心实施如下鉴定：

（一）对鉴定事项 1 的检验及分析

检材系静电印刷方式形成的打印文书，利用 Keyence VHX—1000 型超景深显微镜对检材落款部位印文与打印字迹的交叉部位进行检验，发现落款单位名称与日期字迹均为墨粉颗粒堆积状态，且打印字迹墨粉颗粒表面均检见明显的印油色料附着与融溶痕迹（见图片说明 1）。

基于上述检验结果，检材落款部位打印字迹与印文的层次关系明显，反映出先打印后盖印的时序特点。

（二）对鉴定事项 2 的检验

经初检，检材印文的印油成份不适用于本中心印文形成时间检验理化检验方法；而受目前技术条件限制，对打印字迹的形成时间也不能进行有效检验。基于上述两方面原因，不能确定检材是否为落款时间形成。

（三）对鉴定事项 3 的检验

检材系普通 A4 纸规格，其上印刷体字迹均为静电印刷方式形成。对检材文书形式与内容进行检验，发现检材实质上为一方公司致另一方公司的书面通知函，但其文件抬头单位名称（函件接收方）与落款单位名称却完全一致，正文中"贵司""我司"称谓与文件抬头及落款单位名称相矛盾，函件落款位置亦无发函单位名称及盖章，显示出检材形式及内容上的不合常理与矛盾之处。

目力观察及显微镜下观察，发现检材落款两行打印字迹（单位名称与日期字迹，以下简称"检材字迹 1"）墨色较深、墨粉堆积较密实；而其余字迹（含标题、抬头及正文字迹，以下简称"检材字迹 2"）墨色较浅，墨粉堆积不密实，出现非规律性、普遍分布的漏白特征（见图片说明 2）。二者在墨粉堆积形态、漏白特征方面存在的明显差异，表明检材字迹 1、2 不是同机一次性打印形成。

进一步将检材进行扫描并以落款两行文字为基准，将版面旋转水平，利用 Adobe photoshop 软件对其进行检验，检验结果如下：检材字迹 1 与检材字迹 2 文字行不平行，二者之间发生相对倾斜（见图片说明 3）；检材字迹 2 行距前后一致，依据检材字迹 2 的行距进行自动排版，检材字迹 1 文字行未出现在应当出现的位置上（见图片说明 4）。二者在文字行平行度、排版特征方面存在的明显差异，表明检材字迹 1、2 不是同机一次性连续排版打印形成，检材字迹 2 应为二次添加打印形成。

基于上述各方面检验结果，检材不仅形式及内容上存在不合常理与矛盾之处，而且检材字迹 1、2 墨粉的堆积状态与漏白特征也存在明显差异，两者在文字行平行度、排版特征等方面更是存在明显差异，上述三方面检验结果充分反映了检材变造文书的典型特点，揭示了检材明显的变造事实，表明检材应是利用一份有落款单位名称、日期字迹并加盖有"S 劳务公司"印文的纸张，在纸张空白部位二次添加打印标题、抬头及正文字迹内容而形成。

四、鉴定意见

1. 落款日期为 2012 年 3 月 27 日、落款单位名称为"S 劳务公司"、抬头单位名称为"S 劳务公司"的《致 S 劳务公司关于结算的函》落款部位处"S 劳务公司"印文形成于落款单位名称及日期字迹之后。

2. 不能确定上述《致 S 劳务公司关于结算的函》形成时间。

3. 上述《致 S 劳务公司关于结算的函》是利用一份有落款单位名称、日期字迹并加盖有"S 劳务有限公司"印文的纸张，在纸张空白部位二次添加打印标题、抬头及正文字迹内容而变造形成。

五、附件

1. 图片说明四份；（见附录 4 至附录 7）

2. 检材复制件；（略）
3. 司法鉴定人执业证及《司法鉴定许可证》复制件。（略）

司法鉴定人签名：＊＊（副教授）

《司法鉴定人执业证》证号：5000050010＊＊

司法鉴定人签名：＊＊（高　工）

《司法鉴定人执业证》证号：5000050010＊＊

司法鉴定人签名：＊＊（高　工）

《司法鉴定人执业证》证号：5000050010＊＊

二〇一八年二月八日

附录4：检材字迹1、2在文字行平行度特征方面存在的明显差异[1]

图片说明3　案件编号：■■■
制图：王跃

致 S■■劳务■■公司关于结算的函

S■■劳务■■公司：

贵司分包了我司 L■■建筑■■■公司总包的<u>西城■■农转非安置房第三期工程</u> 第3号、第4号、第5号、第6号楼土建劳务工作。2012年2月贵司由于自身资金的原因在未完成合同约定工程量和未支付完清农民工工资的情况下提前退场，贵司也向我司提交了结算资料。我司根据贵司提交的结算资料和相关协议按贵司的实际施工完成内容于2012年3月20日完成了审核，结算审核结果为7523576.83元。我司完成审核后于2012年3月20日至今一直和贵司的本工程负责人谭■、罗■对本工程的结算审核结果进行沟通，但一直未达成一致意见，针对此情况我司特书面通知贵司：

1、贵司在<u>西城■■农转非安置房第三期工程</u> 第3号、第4号、第5号、第6号楼土建劳务工作的总结算金额为 7523576.83元。

2、若贵司不认可此结算审核结果，请贵司在收到本函15个工作日内提出书面异议。若贵司在收到本函 15 日内未对我司的结算审核结果提出书面异<u>议我司将视为贵司认可我司的结算审核结果并同意按此结算审核结果结算全</u>
_{水平参考线3}
部工程款。

3、请贵司在2012年3月前结清本项目所欠人工、材料、机械费用，若因贵司欠费影响我司，我司可以在不经贵司认可的情况下直接支付并在贵司工程款中扣除。

签收单位：S■方■劳务有限公司（单位盖章）　　_{水平参考线2}
2012年3月27日　　　　　　　　　　　　　_{水平参考线1}

---

[1] 本书涉及的所有图片的彩图，可扫描本书封面二维码关注微信公众号"西政证据科学创新团队"后进行查看。另外，本书中涉及的部分图片的内容、格式等与其原文一致，不再作任何修改。

附录 5：检材字迹 1、2 在行距方面存在的明显差异

图片说明 4　　案件编号：
　　　　　　　　制　图：王跃

致 ███ S 劳务 ███ 公司关于结算的函

███ S 劳务 ███ 公司：

贵司分包了我司 ███ L 建筑 ███ 公司总包的西城新苑农转非安置房第三期工程 第 3 号、第 4 号、第 5 号、第 6 号楼土建劳务工作。2012 年 2 月贵司由于自身资金的原因在未完成合同约定工程量和未支付完清农民工工资的情况下提前退场，贵司也向我司提交了结算资料。我司根据贵司提交的结算资料和相关协议按贵司的实际施工完成内容于 2012 年 3 月 20 日完成了审核，结算审核结果为 7523576.83 元。我司完成审核后于 2012 年 3 月 20 日至今一直和贵司的本工程负责人谭██、罗██对本工程的结算审核结果进行沟通，但一直未达成一致意见，针对此情况我司特书面通知贵司：

1、贵司在西城新苑农转非安置房第三期工程 第 3 号、第 4 号、第 5 号、第 6 号楼土建劳务工作的总结算金额为 7523576.83 元。

2、若贵司不认可此结算审核结果，请贵司在收到本函 15 个工作日内提出书面异议。若贵司在收到本函 15 日内未对我司的结算审核结果提出书面异议我司将视为贵司认可我司的结算审核结果并同意按此结算审核结果结算全部工程款。

3、请贵司在 2012 年 3 月前结清本项目所欠人工、材料、机械费用，若因贵司欠费影响我司，我司可以在不经贵司认可的情况下直接支付并在贵司工程款中扣除。

签收单位：S ███ 欣劳务有限公司（单位盖章）

2012 年 3 月 27 日

附录6：印文与打印文字的先后顺序——朱墨时序鉴定（先字后印）

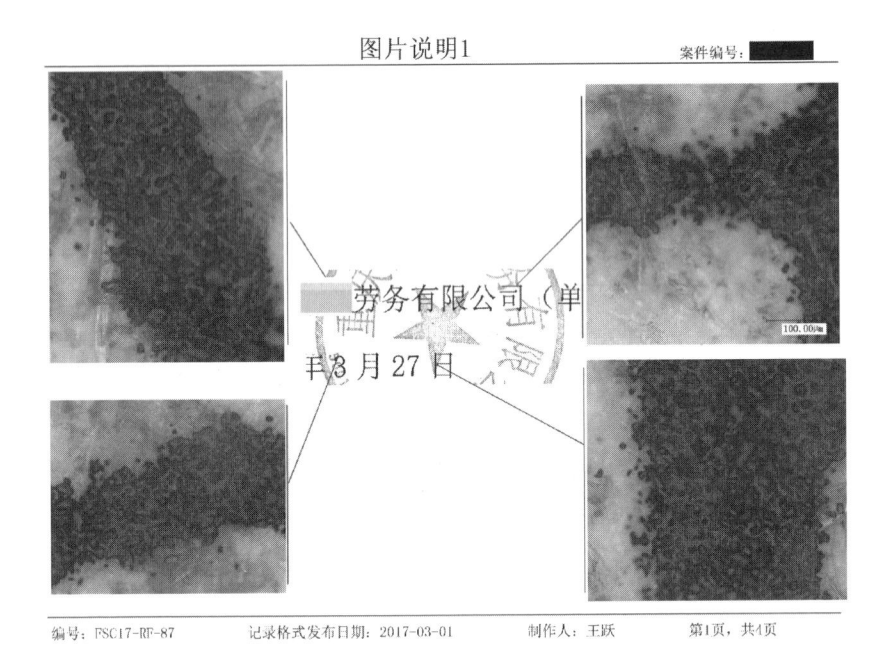

图片说明1

附录7：正文与落款字迹墨粉堆积形态、漏白特征方面存在的明显差异[1]

图片说明2　　　　　　　　　　　　　　　　案件编号

重庆██劳务有限公司　检材标题行

重庆██劳务有限公司　检材抬头单位名称

重庆██建设（集团）　正文第1行

我司将视为贵司认可我司　正文倒数第5行

重庆██劳务有限公司　检材落款单位名称

编号：FSC17-RF-87　　记录格式发布日期：2017-03-01　　制作人：王跃　　第2页，共4页

---

[1] 为使差异更清楚显现，图中（图片说明2）的公司名称仅作隐名处理，分别对应本教学案例中的"S劳务公司"与"L建筑公司"。

附录 8：本案核心证据与历次诉讼摘要

8.1 核心证据

◆《补充协议》(3)

从 2011 年 7 月 19 日到 2012 年 2 月 16 日，S 劳务公司和 L 建筑公司就工程建设合作签订 3 份《补充协议》。

《补充协议》(3) 约定："S 劳务公司于 2012 年 3 月 1 日前必须向 L 建筑公司上报完整的结算资料，L 建筑公司于 2012 年 3 月 31 日前将 S 劳务公司提交的结算资料审核完成，若 L 建筑公司在 2012 年 3 月 31 日未办理完结算，以 S 劳务公司所报结算金额为准。"

◆《西城新苑结算表》

2012 年 2 月 28 日，S 劳务公司向 L 建筑公司提交《西城新苑结算表》，L 建筑公司的项目经理于同日签收。该结算表载明的工程结算金额合计 10 759 540.21 元。

◆《致 S 劳务公司关于结算的函》（"函件"为同指）

落款时间打印显示为"2012 年 3 月 27 日"的《致 S 劳务公司关于结算的函》，函件上加盖有"S 劳务公司"的印章，意在证明 L 建筑公司履行《补充协议》(3)，应当以 L 建筑公司总结算金额为准。

◆ L 建筑公司制作的劳务结算单

L 建筑公司于 2013 年 12 月制作的劳务结算单载明的工程结算金额为 7 554 787.83 元。

◆ 西南政法大学司法鉴定中心出具的第一份鉴定意见

委托鉴定事项：印章是否为同一枚印章；该函件的形成时间是否为 2012 年 4 月 1 日之前。

鉴定意见：由同一枚印章盖印形成；不能确定该函件的形成时间是否为 2012 年 4 月 1 日之前。

◆ 西南政法大学司法鉴定中心出具的第二份鉴定意见

委托鉴定事项：检材上打印字迹与印文的形成时序；检材是否为落款时间（2012年3月27日）形成；检材是否存在伪造变造。

鉴定意见：形成时序为先有打印字迹后有印文；不能确定该函件形成时间；该函件是利用一份有落款单位名称、日期字迹并加盖有"S劳务公司"印文的纸张，在纸张空白部位二次添加打印标题、抬头及正文字迹内容而变造形成。

8.2 历次诉讼摘要

◆ 一审

（1）S劳务公司主张：

请求判令L建筑公司立即支付工程款及保证金2 024 083元。

（2）S劳务公司陈述：

根据约定，S劳务公司在2012年3月1日前将工程结算资料交L建筑公司审核，如果L建筑公司在2012年3月31日前未办理完结算，则以S劳务公司所报金额为准。S劳务公司按时将工程结算资料提交给L建筑公司，但L建筑公司至今未按约定对结算资料进行审核。因此，应以S劳务公司的《西城新苑结算表》为准计算工程结算金额。

（3）L建筑公司陈述：

L建筑公司已经向S劳务公司超额支付了工程款，不存在欠付的情况。

（4）一审法院认为：

依法成立的合同对当事人具有法律约束力，受法律保护。当事人应当按照约定履行自己的义务。L建筑公司收到S劳务公司提交的结算资料后，未在约定期限内办理完结算，则应按照约定以S劳务公司提交的结算资料确定工程价款。

（5）一审判决结果：

S劳务公司胜诉，支持以S劳务公司提交的结算资料确定工程价款。

◆ 二审

（1）L建筑公司主张：

请求撤销一审判决，依法改判。

（2）L建筑公司陈述与举证：

①L建筑公司认可2012年2月16日签订的《补充协议》（3）的效力，认为双方当事人均应按该协议约定的内容执行。②L建筑公司举示了一份落款时间打印显示为"2012年3月27日"的《致S劳务公司关于结算的函》，主要内容为L建筑公司在2012年3月20日完成了结算审核，并告知S劳务公司。如果S劳务公司对结算审核结果有异议，应当在收到本函15个工作日内提出书面异议。该函件上加盖有"S劳务公司"的印章。③该函件系L建筑公司打印，记不清楚该份函件具体送达时间，但认为如果S劳务公司对打印的送达时间有异议，应该作出修改后再盖章，该函件并无修改，应推断是2012年3月27日当天送达。

关于一审判决载明的L建筑公司主张的代付款项第25～29项，L建筑公司均无法提供付款的证据原件，仅举示了复印件。

（3）S劳务公司辩称：

L建筑公司的上诉理由不成立，应驳回上诉，维持原判。S劳务公司对该函件的真实性提出异议。S劳务公司认为，第25～29项均无S劳务公司的委托，且系复印件，故对此均不予认可。

（4）二审法院认为：

L建筑公司举示的《致S劳务公司关于结算的函》在送达时间及L建筑公司自己举示的证据以及主张上存在矛盾及不符合常理之处，故对该证据不予采信。

（5）二审判决结果：

L建筑公司的上诉理由均不成立，一审判决认定事实清楚，判决正确，应予维持。判决驳回上诉，维持原判。

◆ 再审

（1）L建筑公司主张：

L建筑公司举示的《致S劳务公司关于结算的函》完全可以证明其在协议约定的时间内进行了结算审核的事实，二审法院对该函件的法律效力不予认可，依然按照一审查明的事实和证据认定L建筑公司未在协议约定的时间内进行结算审核是明显错误的。

（2）S劳务公司辩称：

本案一、二审判决认定事实和适用法律正确，L建筑公司应当支付S劳务公司工程款本金及利息。

（3）再审法院认为：

该函件上S劳务公司的印章经过司法鉴定为S劳务公司的真实印章，且按双方合同的约定，L建筑公司提出异议的时间是是否确认结算的关键，若S劳务公司对该时间有异议，理应在该函件上签具实际收到时间，而S劳务公司将章盖在打印时间为"2012年3月27日"的函上，没有另行签注时间，之后也无证据表明其对此曾提出了异议，故S劳务公司收到该函件的时间可确认为该函件上打印的落款时间"2012年3月27日"，即该份证据能证明L建筑公司在2012年3月31日前对S劳务公司提交的结算资料进行了审核并将异议送达S劳务公司，故S劳务公司不能以其提出的结算资料所载的结算金额要求L建筑公司支付劳务款。

（4）再审裁判结果：

撤销一审、二审民事判决；发回原一审人民法院重审。

◆ 发回重审——一审

（1）S劳务公司请求：

判令L建筑公司依照《西城新苑结算表》给付S劳务公司工程款及保证金。S劳务公司申请对函件进行补充鉴定。

（2）L建筑公司陈述：

L建筑公司对该补充司法鉴定意见书真实性无异议，但认为即使本案中的《致S劳务公司关于结算的函》是变造的，那也只能是S劳务公司的工作人员为了自己的便利而自行变造形成的，同时也是S劳务公司对印章管理不严格、不规范造成的。

（3）发回重审后的一审法院认为：

①L建筑公司及S劳务公司均认可双方于2012年2月16日签订的《补充协议》（3）的效力，故双方当事人均应按照协议约定执行。

②L建筑公司举示的《致S劳务公司关于结算的函》在送达时间、L建筑公司自己举示的证据以及主张上与该函件的司法鉴定结论存在矛盾，故对该证据不予采信。

（4）发回重审后的一审判决结果：

L建筑公司于本判决生效之日起十日内支付S劳务公司工程款及保证金1 908 196.44元。（依据《西城新苑结算表》结算金额调整）

◆ 发回重审——二审终审

（1）L建筑公司上诉请求：

撤销原判第一项、第二项，依法改判上诉人与被上诉人之间的工程结算金额以第01号工程造价（扣除第5项）为准。

（2）L建筑公司陈述：

《致S劳务公司关于结算的函》是真实、有效且相关联的。并且S劳务公司在空白文件上加盖公章，应视为给对方无限授权，S劳务公司也应承担不利后果。

S劳务公司提供的《西城新苑结算表》是不符合实际情况的，应当按照司法鉴定结论来认定工程造价，还原事实真相。

（3）S劳务公司辩称：

①现经过审理，上述函件证据系伪造变造的，一审法院据此作出与原一审、二审一致的判决正确。②L建筑公司伪造的证据与其提交的其他证据自相矛盾。其提交的伪造证据称其已于2012年3月27日审核，金额为7 523 576.83元，按照其提供的工程款支付明细，在2012年2月20日前，L建筑公司已经支付S劳务公司的工程款就达到8 735 457.77元，已经超付；并且在2012年3月27日后，L建筑公司还有多笔支付。L建筑公司从2012年3月27日审核就发现超付后，长达6年时间里，没有向S劳务公司提出返还，这都不符合常理。③工程造价鉴定意见不应采信。该鉴定采用的证据未经法庭质证，鉴定结论只有一名鉴定人签名，不符合鉴定程序；该鉴定无理由严重超期，程序违法。

(4) 发回重审后的二审法院认为:

由于 L 建筑公司举示的证据不能证明其在 2012 年 3 月 31 日前完成了对案涉工程的结算,按照《补充协议》(3)的约定,应当按照 S 劳务公司上报的结算金额 10 759 540.21 元作为案涉工程的结算金额。

(5) 发回重审后的二审判决结果:

驳回上诉,维持原判。本判决为终审判决。

A 实业公司等虚假公证非诉执行监督案

A 实业公司等虚假公证非诉执行监督案

（非诉讼法律实务）

教学案例概览

摘　要：本教学案例是一起真实的虚假公证非诉执行监督案例，围绕涉案当事人恶意串通、捏造事实，骗取公证债权文书并申请法院强制执行，侵害其他债权人的合法权益，损害诉讼秩序和司法权威，破坏社会诚信体系，构成虚假诉讼等问题展开讨论。其中涉及虚假公证的特征与识别方法、检察机关非诉执行监督的作用、检察建议的形式与作用、虚假诉讼的特征与认定、虚假诉讼的证明标准及证明困境，以及司法鉴定在这其中发挥的作用等问题。本教学案例不仅适用于非诉执行程序，而且其基本原理以及教学内容覆盖民事诉讼、刑事诉讼以及行政诉讼等各个领域，特别是对于解决类型化的虚假公证非诉执行监督案件具有较强的参考意义。

关键词：虚假公证；非诉执行监督；检察建议；虚假诉讼；司法鉴定

教学案例正文

一、案件相关背景

依据法律规定，公证机关可以对债权文书进行公证从而赋予其强制执行效力，对于经公证的债权文书，可以不经诉讼程序直接向人民法院申请执行。

近年来，对虚假债权文书进行公证的行为时有发生，利用虚假公证文书申请法院强制执行更是成为了民事虚假诉讼的一种表现形式。根据我国《民事诉讼法》的规定，人民检察院有权对民事执行活动实行法律监督。对于利用虚假公证文书申请执行的案件，检察机关对其进行的法律监督可称为"非诉执行监督"。

本案中的当事人为达到转移财产、逃避债务的目的，对虚假债权文书进行公证并向法院申请强制执行，不仅侵害了案外人的合法债权，同时也破坏了诉讼秩序和司法公正，影响社会诚信体系的构建。检察机关的非诉执行监督以及公安机关的侦查证实了其系虚假公证。较之于利害关系人直接申请撤销公证，由检察机关建议人民法院不予执行虚假公证债权文书更有利于保护债权人合法权益。

二、基本案情介绍

（一）案情经过

2011年，A实业公司董事长高某因非法吸收公众存款罪被追究刑事责任；2012年年底，A实业公司名下资产B酒店被C市中级人民法院查封拍卖，拍卖所得用于退赔集资款和偿还债务。

2013年11月，高某保外就医期间与郗某、高某萍、高某云、王某、杜某、唐某、耿某等七人商议，由高某以A实业公司名义出具借条，虚构A实业公司曾于2006年、2007年向郗某等七人借款的事实，并分别签订还款协议书。2013年12月，A实业公司的委托代理人与郗某等七人前往C市D区公证处，对涉案还款协议书分别办理《具有强制执行效力的债权文书公证书》，C市D区公证处向郗某等七人出具《执行证书》。2013年12月，郗某等七人依据《执行证书》，向C市D区人民法院申请执行。2014年3月，C市D区人民法院作出执行裁定书，以A实业公司名下财产被C市中级人民法院拍卖，尚需等待分配方案确定后再恢复执行为由，裁定本案执行程序终结。C市中级人民法院确定分配方案后，C市D区人民法院恢复执行并向C市中级人民法院上报郗某等七人的债权分配请求。

(二) 检察机关的监督情况

1. 线索发现

2015年11月，D区人民检察院接到债权人不服C市中级人民法院制定的债权分配方案，提出高某所涉部分债务涉嫌虚构的举报。该检察院接到举报后，根据债权人提供的线索对高某所涉债务进行清查，发现该七起虚假公证案件线索。

2. 调查核实

D区人民检察院针对案件线索依法展开调查核实。首先，到高某服刑的监狱和保外就医的医院对其行踪进行调查，并随即询问了郗某、王某、耿某，郗某等人承认了基于利益因素配合高某虚构A实业公司向其借款的事实；其次，D区人民检察院到C市D区公证处调取公证卷宗，向C市中级人民法院了解A实业公司执行案件相关情况。经调查核实发现，高某与郗某等七人为套取执行款，逃避债务，虚构A实业公司向郗某等七人借款1180万元的事实，伪造还款协议书等证据，并对虚构的借款事实进行公证，向C市D区人民法院申请强制执行该公证债权文书。

3. 监督意见

在查明相关案件事实的基础上，2015年11月，D区人民检察院将涉嫌虚假诉讼刑事案件的线索移交C市公安局D分局立案侦查。2016年9月23日，D区人民检察院针对C市D区人民法院的执行活动发出检察建议，指出A实业公司与郗某等七人恶意串通，伪造借款凭据和还款协议，《执行证书》中的内容与事实不符，由于公证债权文书确有错误，建议依法不予执行。

4. 监督结果

2016年10月24日，C市D区人民法院回函称，经调取刑事卷宗中郗某等人涉嫌虚假诉讼犯罪的相关证据材料，确认相关公证内容确系捏造，经合议庭合议决定，对相关执行证书裁定不予执行。2017年7月16日，C市D区人民法院作出（2017）××0113执异153至159号七份执行裁定书，认定郗某等申请执行人在进行公证活动期间存在虚假行为，公证债权文书的内容与事实不符，裁定对相关公证书及执行证书不予执行。后高某等四人因构成虚假诉讼罪被追究刑事责任。

教学指导手册

一、教学具体目标

本教学案例设计的目标在于让学生从中学习和掌握以下知识：（1）何为虚假公证；（2）虚假公证行为的危害性；（3）虚假公证的常见表现形式；（4）虚假公证的识别方法；（5）公证债权文书强制执行制度；（6）检察机关的非诉执行监督；（7）检察机关的检察建议与作用；（8）虚假诉讼的特征与认定；（9）虚假诉讼的证明标准与证明困境；（10）司法鉴定在虚假诉讼案件中的作用。

二、教学内容

（一）何为虚假公证

公证是公证机构根据自然人、法人或者其他组织的申请，依照法定程序对民事法律行为、有法律意义的事实和文书的真实性、合法性予以证明的活动。公证制度是国家司法制度的组成部分，是国家预防纠纷、维护法制、巩固法律秩序的一种司法手段。在公民权利意识增强和经济活动活跃的背景下，公证活动也日渐频繁，但与之相随的虚假公证则给公证机构带来极大的冲击，同时还破坏了我国的司法秩序和司法公正。

"虚假公证"是从"虚假诉讼"一词借鉴而来，是指行为人出于非法的目的，以虚构公证主体、捏造事实、伪造证据等方式，欺骗公证机构出具错误的公证书的行为。近年来，各地发生多起虚假公证的案件，这使得公证机构的威信力降低，严重影响了公证的公信力。

（二）虚假公证行为的危害性

公证在当今司法活动中发挥着重要的作用，随着社会经济的迅速发展，其巨大的法律价值越来越得到人们的肯定。虚假公证直接动摇了公证制度的基石，其危害性是显而易见的。

（1）破坏社会信用体系，动摇公证制度的基础。

公证是社会信用体系建设的重要一环，它的作用和意义在于建立和保障正常的经济和民事流转秩序。公证制度作为一种预防性司法制度，可以通过固定某些法律事实，达到预防纠纷和冲突、减少诉讼的目的；在降低社会管理成本、维护社会稳定方面发挥着重要作用。而虚假公证的出现，将会使公证的公信力大大降低，甚至会破坏整个社会诚信体系。

（2）为其他违法犯罪行为提供便利和帮助。

根据我国《民事诉讼法》第六十九条的规定，经过法定程序公证证明的法律事实和文书，人民法院应当作为认定事实的根据，但有相反证据足以推翻公证证明的除外。因此，在民事诉讼中公证行为具有特殊的证明效力，而虚假公证为不法分子进行虚假诉讼提供了形式真实的"有力证据"。另外，《中华人民共和国公证法》（以下简称《公证法》）第三十七条规定，对经公证的以给付为内容并载明债务人愿意接受强制执行承诺的债权文书，债务人不履行或者履行不适当的，债权人可以依法向有管辖权的人民法院申请执行。正因为如此，很多不法分子利用虚假证明材料进行公证，进而向法院申请强制执行。如本案当中，高某以公司的名义与郜某等七人虚构借条，向公证机构申请办理《具有强制执行效力的债权文书公证书》，企图以向法院申请强制执行来损害案外债权人的合法权益。

（三）虚假公证的常见表现形式

（1）通过虚假公证逃避债务。

这种情况可能发生在自然人之间、法人之间以及自然人与法人之间。在一方当事人负有债务、被处行政罚款或者刑事罚金的情况下，为防止相关部门及人民法院强制执行其财产，与亲友恶意串通，签订虚假的债权债务文书、赠与合同后进行公证，设定虚假的债权债务关系或者将自己名下的财产转移到他人名下，侵害合法债权人的利益。本案中A实业公司即与郜某等七人虚构借款事实，利用公证机构出具的公证书向人民法院申请强制执行，损害案外人的合法债权。

(2) 通过虚假公证在诉讼中对抗其他证据。

上文中提到，除有相反证据足以推翻公证证明外，经过法定程序公证证明的法律事实和文书，人民法院应当作为认定事实的根据。如在赵某与于某、潘某房屋买卖合同纠纷案件当中，原告赵某为收回卖出房屋的剩余房款，向法庭出示《房屋买卖协议书》以及被告于某、潘某双方的支付凭证，随后潘某为对抗赵某出示的证据，提交了一份已将剩余房款提存公证的收据，并且一审与二审法院在没有认真核实证据的情况下就认定了该收据。当原告赵某到公证处领取房款时，却发现根本没有公证卷宗，更没有已提存的房款，最后在再审中才发现本案中存在明显的虚假公证情况。

(3) 通过虚假公证骗取贷款或者谋取其他利益。

在正常情况下，若要使用购房委托书等涉及标的额较大的合同文件向银行办理贷款，合同文件只有经过公证机构的公证后，银行才会承认该文件的有效性。因此有的不法分子与房地产开发公司恶意串通，在签订虚假的购房合同并进行虚假公证后向银行申请贷款，以缓解双方的资金流转问题，达到骗取贷款的目的。

(四) 虚假公证的识别方法

(1) 从公证双方当事人合意形成的过程，识别用于公证的法律事实或文书是否存在虚假的可能。

能够用于公证的法律事实，说明双方都比较重视，所以对于其中的各种细节应该了如指掌，尤其是合意达成的时间、地点、涉及的数额、周围的环境以及人物，若双方对于这些细节问题陈述不清，则于理不合，存在虚假公证的可能。

(2) 从双方当事人在诉讼和执行过程中的行为，判断是否与日常经验相悖。

在通常情况下，一旦争议发生并进入诉讼程序，随之而来的就是激烈的辩论对抗，特别是涉及财产类的诉讼，诉讼当事人更会据理力争，争取法官能够作出有利于自己一方的判决。但是，在以虚假公证文书作为证据提起的虚假诉讼案件当中，进行虚假公证的一方当事人为尽快实现其非法目的，会急切地推进庭审的进程，从而缺少实质的对抗。同理，在执行过程中，如果公证双方当事人早已恶意串通，被申请人就会毫无异议且快速地将财产交付申请人，达成他们的非法目的。

（3）从双方当事人所进行公证的文书，判断是否具有足够的其他证据进行佐证。

对于规范化的交易，除了最终的合同文书之外，在交易的过程中会形成一系列的证据材料，如合意达成之前的要约与承诺记录、银行转账记录或者货物签收单、第三方的见证人，甚至还有交易过程的录音、录像等材料。对于进行虚假公证的文书，则往往很难具备齐全的过程材料。

（五）公证债权文书强制执行制度

公证债权文书强制执行制度是指，根据我国《公证法》第三十七条的规定，对经公证的以给付为内容并载明债务人愿意接受强制执行承诺的债权文书，债务人不履行或者履行不适当的，债权人无须经人民法院的审判或调解，有权依法向有管辖权的人民法院申请执行的一种公证制度。因此，公证债权文书强制执行制度具有以下两个特征：一是以国家赋予的强制权力为基础，有效推进公证债权文书的强制执行；二是能够鼓励债务人在利益关系明确的前提下选择明示承诺、非诉讼方式偿还债务，这更能体现当事人在解决纠纷过程中的自治意识，且能够节省宝贵的司法资源。公证债权文书强制执行制度属于非诉讼纠纷解决制度，该制度在很大程序上减轻了人民法院的审理压力，缓解了案多人少的局面，同时也为当事人提供了高效便捷的解决纠纷的方式，节约了时间成本。

（六）检察机关的非诉执行监督

根据《中华人民共和国宪法》（以下简称《宪法》）第一百三十四条和《中华人民共和国人民检察院组织法》（以下简称《人民检察院组织法》）第二条的规定，人民检察院是我国的法律监督机关，对人民法院的司法活动有权进行监督，而非诉执行监督就是其中的一种方式，其包括对民事活动和行政活动两个方面的监督。

要了解检察机关的非诉执行监督，首先需要了解人民法院的民事与行政非诉执行活动，民事与行政非诉执行活动是指人民法院对仲裁裁决、公证债权文书和行政行为等非由法院出具的文书的执行活动，包括民事非诉执行和行政非诉执行。所以，民事与行政非诉执行监督就是检察机关对人民法院民事与行政非诉执行活动的监督。根据最高人民法院、最高人民检察院《关于民事执行活动法律监督若干问题的规定》第三条，人民检察院对人民法院执行生效民事判决、裁定、调解书、支付令、仲裁裁决以及公证债权文书等法律文书的活动实施法律监督。在本案当中检察机关所进行的就是针对公证债权文书的非诉执行监督，这对于保障人民法院依法、公正、高效履行非诉执行职能，保护公民、法人和其他非法人组织等债权人的合法权益具有重要的意义。

（七）检察机关的检察建议与作用

检察建议是人民检察院为促进法律正确实施和社会和谐稳定，在履行法律监督职能过程中，结合执法办案，建议有关单位完善制度，加强内部制约、监督，正确实施法律法规，完善社会管理、服务，预防和减少违法犯罪的一种重要方式。

检察建议不仅对于督促人民法院依法、公正、高效履行职能方面具有重大意义，在社会治理方面，其同样也发挥着重要的作用。最高人民检察院检察长张军多次强调，检察机关不仅要依法办案，还要将办案职能向社会治理领域延伸，而检察建议便是一个有效的手段。比如，在2019年十三届全国人大二次会议上，最高人民检察院检察长张军在工作报告中提到"一号检察建议"，该检察建议是源于最高人民检察院对一起乡村教师性侵女童案件提起抗诉并获改判后，认真分析以往校园安全管理不规范、教职员工队伍管理不到位等问题，最后形成的最高人民检察院历史上首份检察建议书，之后各地教育部门高度重视，与检察机关共同推进，并取得明显的成效。实践表明，检察机关所作出的检察建议在推进社会治理的过程中发挥着重要的引领作用。

(八) 虚假诉讼的特征与认定

虚假诉讼通俗地讲就是"打假官司"。当事人主观上具有直接故意，客观上实施了虚假的诉讼行为，侵犯了国家、社会或他人的合法权益，干扰诉讼活动的正常秩序，是一种严重的违法行为乃至犯罪行为。虚假诉讼本质上属于恶意诉讼，但与恶意诉讼不同的是，虚假诉讼是当事人双方通过恶意串通来损害第三方的权益。我国《民事诉讼法》第一百一十二条以及《中华人民共和国刑法修正案》（九）[以下简称《刑法修正案》（九）]当中都有关于虚假诉讼行为与虚假诉讼罪的规定。要认定虚假诉讼，首先需要从以往典型的虚假诉讼案件的特点入手进行总结。

首先，一般来说，财产类的案件当中虚假诉讼较多且涉案数额较大。巨大的经济利益诱惑使当事人不惜冒着犯罪的危险来提起虚假诉讼，民间借贷、企业改制和破产、离婚纠纷、不动产权属纠纷、建设工程优先权等领域是虚假诉讼的重灾区。

其次，庭审的过程一般不会具有实质性的对抗。在一般的诉讼案件当中，会存在原被告之间的激烈对抗，而虚假诉讼的双方当事人由于早已恶意串通，一般会对案件事实予以自认而很少进行实质性的法庭对抗。虚假诉讼的当事人大都希望庭审能够尽快结束，因为法官对案件争议点调查核实得越仔细，其非法意图就越容易暴露，另外庭审中双方的对抗还可能导致案件审理期限的延长。所以，虚假诉讼的制造者为了避免"夜长梦多"，一般都不会进行实质性的对抗。

再次，虚假诉讼案件一般发生在亲友以及关联公司之间，双方具有信任关系。相互之间具有绝对的信任，才能够为恶意串通创造条件与环境，有利于虚假诉讼的发生与"成就"。另外，虚假诉讼案件办理的期限一般较短，且很多案件都以调解结案。虚假诉讼的双方当事人密切配合，甚至利用庭前调解程序便快速结案，以方便案件快速进入执行程序，达到其非法目的。

最后，虚假诉讼的背后一般都有法律职业工作者"出谋划策"。虚假诉讼需要通过虚构事实、伪造证据来让整个诉讼过程看起来正常合法，而诉讼的各个环节都需要专业知识，因此虚假诉讼的案件当中一般都有法律职业工作者在背后提供法律帮助，策划整个诉讼过程。

(九) 虚假诉讼证明标准与证明困境

我国《民事诉讼法》第一百一十二条规定："当事人之间恶意串通，企图通过诉讼、调解等方式侵害他人合法权益的，人民法院应当驳回其请求，并根据情节轻重予以罚款、拘留；构成犯罪的，依法追究刑事责任。"尽管法律有严格的规定，但是近些年来，虚假诉讼行为仍十分猖獗，屡禁不止，本案当中的高某等四人最后因构成虚假诉讼罪而被追究刑事责任。当事人提起虚假诉讼的目的无外乎是获取非法利益，有的是利用虚假诉讼在夫妻离婚诉讼中多分财产，有的是使其他债权人受偿数额落空或者减少，有的是阻止正在进行的执行程序。因此，虚假诉讼严重扰乱司法秩序，损害第三人的合法权益，冲击社会诚信体系。

上文阐述道，虚假诉讼一般发生在亲友、关联公司之间，具有一定的隐蔽性。就如同本案当中，高某以其公司的名义与郗某等七位亲友签订虚假的借条并进行虚假公证，从外部进行审查其真实性是具有一定难度的。我国现行法律对于虚假诉讼的认定标准未作统一规定，《民事诉讼法司法解释》第一百零九条规定，当事人对欺诈、胁迫、恶意串通事实的证明，以及对口头遗嘱或者赠与事实的证明，人民法院确信该待证事实存在的可能性能够排除合理怀疑的，应当认定该事实存在。而在虚假诉讼案件中，诉讼双方当事人之间往往恶意串通、捏造事实并在诉讼过程中消极对抗、相互配合，在此情况下，对虚假诉讼适用"排除合理怀疑"的证明标准明显过高，不利于揭穿虚假诉讼的"套路"，不利于保护案外人利益、公共利益或国家利益。

(十) 司法鉴定在虚假诉讼案件中的作用

俗话说"打官司就是打证据"，当事人提起虚假诉讼最主要的依据就是伪造的证据，而司法鉴定在这其中经常发挥着举足轻重的作用。当事人通常会利用一些隐蔽的方式来伪造证据进行虚假诉讼，如在一起借款纠纷案件当中，原告以一张借条［见附表3（2）］向法院申请实现抵押权，诉讼过程中被告的配偶向法院提出异议，称该案是被告为了离婚前转移财产而进行的虚假诉讼。后经过鉴定人对借条进行鉴定，发现该借条的打印字迹为微软雅黑字体，该字体是微软 VISTA 操作系统自带的字体，而 VISTA 操作系统的发布时间是 2005 年 7 月 27 日，这明显与借条落款时间（2004 年 1 月 1 日）相矛盾，因此该借条是伪造的。所以，在虚假诉讼案件中，当事人不仅会选择在亲友之间进行，还会伪造各种难以辨别真伪的虚假证据用以支持其不法目的，若不经过专业的鉴定人进行鉴定，有时就连经验丰富的法官也难以发现其中的"猫腻"。

三、教学预期效果

通过本教学案例的课堂教学，使学生能够更充分地认识到虚假公证的危害性、主要表现形式及其识别方法，理解利用虚假公证申请法院强制执行已成为民事虚假诉讼的一种表现形式。另外，掌握检察机关非诉执行监督对于保障人民法院依法、公正、高效履行非诉执行职能，保护公民、法人和其他非法人组织等债权人的合法权益的重要作用，检察机关所作的检察建议对人民法院公正司法的意义。最后，认识虚假诉讼的特征与认定、证明标准与证明困境，理解司法鉴定在虚假诉讼案件当中发挥的作用。

四、教学课时安排

本案例可以作为专门的案例教学课来进行，整个案例教学课的课堂安排为 6 个课时，每课时 45 分钟。

五、课堂教学计划

1. 课前计划

安排学生阅读案例、收集同类型案例和与案例相关的材料，以及对该案例所涉及的问题进行思考与小组讨论，撰写思考题的答案。

2. 课中计划

（1）介绍教学目的，明确课程主题；

（2）教师讲授与演示案例主要内容与知识点；

（3）分组讨论，回答各项思考题，讨论实践题的要点；

（4）小组长整理小组观点，并撰写主要观点；

（5）教师针对课堂整体突出的问题进行归纳总结。

3. 课后计划

让学生进一步思考在当事人利用虚假公证的债权文书提起虚假诉讼的情况下，如何认定其是否构成虚假诉讼罪，标准如何界定，作为证据的虚假公证债权文书的审查标准又该如何界定。

六、思考题和实践题

1. 思考题

（1）什么是虚假公证？

（2）虚假公证的认定标准是什么？

（3）在民事诉讼活动当中，是否应当赋予经过公证的证据如此高的证明力？

（4）在民事诉讼活动中，审查经过公证的债权文书的标准是什么？

（5）非诉执行监督的积极意义是什么？

（6）检察机关启动非诉执行监督的一般条件是什么？

（7）思考检察机关进行非诉执行监督的程序。

（8）检察机关的非诉执行监督与检察建议有何关系？

（9）检察建议有什么作用？

（10）检察建议的适用范围是什么？

（11）何为虚假诉讼？其认定标准如何？

（12）以虚假公证的文书提起诉讼会必然导致虚假诉讼吗？

（13）提起虚假诉讼的行为会必然被认定为虚假诉讼罪吗？

（14）应该如何打击与预防虚假公证与虚假诉讼等行为？

2. 实践题

（1）假定你是本案的公证员，你会如何证明你已尽到审慎义务？

（2）假定你是本案的检察官，请你结合本案撰写一份向法院提交的《检察建议书》。

（3）假定你是本案的检察官，你会在提起非诉执行监督之前收集哪些材料？

七、延伸阅读

（1）蒋轲：《公证证明标准与责任》，北京大学出版社 2015 年版。

（2）李勇：《公证价值与实务研究》，法律出版社 2016 年版。

（3）马宏俊：《公证法学》，北京大学出版社 2013 年版。

（4）张明楷："虚假诉讼罪的基本问题"，载《法学》2017 年第 1 期。

（5）李怀胜："论虚假公证行为的入罪化"，载《中国司法》2011 年第 5 期。

（6）何思明："当公证遇到虚假证明"，载《中国公证》2012 年第 8 期。

（7）李翔："虚假诉讼罪的法教义学分析"，载《法学》2016 年第 6 期。

（8）肖建华："论恶意诉讼及其法律规制"，载《中国人民大学学报》2012 年第 4 期。

（9）周翔："虚假诉讼定义辨析"，载《河北法学》2011 年第 6 期。

（10）李浩："虚假诉讼与调解书的检察监督"，载《法学家》2014 年第 6 期。

（11）张敏："浅谈公证债权文书强制执行制度实践中的问题"，载《法制与社会》2019 年第 31 期。

（12）张相军："以行政非诉执行监督为突破口做实行政检察工作"，载《检察日报》2019 年 5 月 27 日第 1 版。

（13）董永强："论民事虚假诉讼的规制"，中国政法大学硕士论文 2016 年 6 月。

（14）《深化行政非诉执行监督　补齐短板做实行政检察工作》，载广东省人民检察院网，http：//www.gd.jcy.gov.cn/llyj/jcll/201905/t20190527_2579466.shtml，2020 年 3 月 5 日访问。

（15）《最高人民检察院发布第十四批指导性案例》，载中华人民共和国最高人民检察院网，https：//www.spp.gov.cn/spp/zdgz/201905/t20190522_419049.shtml，2020 年 3 月 5 日访问。

附 录

附录1：相关法律、司法解释

(1)《民事诉讼法》条文：

第六十九条　经过法定程序公证证明的法律事实和文书，人民法院应当作为认定事实的根据，但有相反证据足以推翻公证证明的除外。

第一百一十二条　当事人之间恶意串通，企图通过诉讼、调解等方式侵害他人合法权益的，人民法院应当驳回其请求，并根据情节轻重予以罚款、拘留；构成犯罪的，依法追究刑事责任。

第二百三十五条　人民检察院有权对民事执行活动实行法律监督。

(2) 民事诉讼法的相关司法解释：

最高人民法院《关于适用〈中华人民共和国民事诉讼法〉的解释》第一百零九条　当事人对欺诈、胁迫、恶意串通事实的证明，以及对口头遗嘱或者赠与事实的证明，人民法院确信该待证事实存在的可能性能够排除合理怀疑的，应当认定该事实存在。

最高人民法院、最高人民检察院《关于民事执行活动法律监督若干问题的规定》第三条　人民检察院对人民法院执行生效民事判决、裁定、调解书、支付令、仲裁裁决以及公证债权文书等法律文书的活动实施法律监督。

(3)《刑法》条文：

第三百零七条之一　以捏造的事实提起民事诉讼，妨害司法秩序或者严重侵害他人合法权益的，处三年以下有期徒刑、拘役或者管制，并处或者单处罚金；情节严重的，处三年以上七年以下有期徒刑，并处罚金。

单位犯前款罪的，对单位判处罚金，并对其直接负责的主管人员和其他直接责任人员，依照前款的规定处罚。

有第一款行为，非法占有他人财产或者逃避合法债务，又构成其他犯罪的，依照处罚较重的规定定罪从重处罚。

司法工作人员利用职权，与他人共同实施前三款行为的，从重处罚；同时构成其他犯罪的，依照处罚较重的规定定罪从重处罚。

（4）最高人民法院、最高人民检察院《关于办理虚假诉讼刑事案件适用法律若干问题的解释》条文：

第一条 采取伪造证据、虚假陈述等手段，实施下列行为之一，捏造民事法律关系，虚构民事纠纷，向人民法院提起民事诉讼的，应当认定为刑法第三百零七条之一第一款规定的"以捏造的事实提起民事诉讼"：

（一）与夫妻一方恶意串通，捏造夫妻共同债务的；

（二）与他人恶意串通，捏造债权债务关系和以物抵债协议的；

（三）与公司、企业的法定代表人、董事、监事、经理或者其他管理人员恶意串通，捏造公司、企业债务或者担保义务的；

（四）捏造知识产权侵权关系或者不正当竞争关系的；

（五）在破产案件审理过程中申报捏造的债权的；

（六）与被执行人恶意串通，捏造债权或者对查封、扣押、冻结财产的优先权、担保物权的；

（七）单方或者与他人恶意串通，捏造身份、合同、侵权、继承等民事法律关系的其他行为。

隐瞒债务已经全部清偿的事实，向人民法院提起民事诉讼，要求他人履行债务的，以"以捏造的事实提起民事诉讼"论。

向人民法院申请执行基于捏造的事实作出的仲裁裁决、公证债权文书，或者在民事执行过程中以捏造的事实对执行标的提出异议、申请参与执行财产分配的，属于刑法第三百零七条之一第一款规定的"以捏造的事实提起民事诉讼"。

（5）《人民检察院组织法》条文：

第二条 人民检察院是国家的法律监督机关。

人民检察院通过行使检察权，追诉犯罪，维护国家安全和社会秩序，维护个人和组织的合法权益，维护国家利益和社会公共利益，保障法律正确实施，维护社会公平正义，维护国家法制统一、尊严和权威，保障中国特色社会主义建设的顺利进行。

（6）《公证法》条文：

第二十八条　公证机构办理公证，应当根据不同公证事项的办证规则，分别审查下列事项：

（一）当事人的身份、申请办理该项公证的资格以及相应的权利；

（二）提供的文书内容是否完备，含义是否清晰，签名、印鉴是否齐全；

（三）提供的证明材料是否真实、合法、充分；

（四）申请公证的事项是否真实、合法。

第三十六条　经公证的民事法律行为、有法律意义的事实和文书，应当作为认定事实的根据，但有相反证据足以推翻该项公证的除外。

第三十七条　对经公证的以给付为内容并载明债务人愿意接受强制执行承诺的债权文书，债务人不履行或者履行不适当的，债权人可以依法向有管辖权的人民法院申请执行。

前款规定的债权文书确有错误的，人民法院裁定不予执行，并将裁定书送达双方当事人和公证机构。

附录 2：相关案例

1. 最高人民检察院指导案例

（1）广州乙置业公司等骗取支付令执行虚假诉讼监督案【检例第 52 号】。

（2）武汉乙投资公司等骗取调解书虚假诉讼监督案【检例第 53 号】。

（3）福建王某兴等人劳动仲裁执行虚假诉讼监督案【检例第 55 号】。

（4）江西熊某等交通事故保险理赔虚假诉讼监督案【检例第 56 号】。

2. 最高人民法院参考案例

上海欧宝生物科技有限公司与辽宁特莱维置业发展有限公司、谢涛企业借贷纠纷再审案【最高人民法院第二巡回法庭，（2015）民二终字第 324 号】。

附录3：相关文书材料

（1）案件执行裁定书。

■■■■■■人民法院

执 行 裁 定 书

（2017）■0113执异154号

申请执行人高■，女，1968年9年8日生。

被执行人陕西■■■■■有限公司，住所地■■■■■■。

法定代表人：高■。

申请执行人高■与被执行人陕西■■■■有限公司民间借贷纠纷一案，申请执行人高■依据（2013）■■■■经字第1406■号公证书及（2013）■■■■字第145■号执行证书向本院申请执行。

在执行过程中，因被执行人陕西■■■■■有限公司犯非法吸收公众存款罪，其名下关联企业财产被■市中级人民法院依法拍卖，本案需等待拍卖分配方案的确定而终结本次执行程序。

现因申请执行人高■在公证活动中存在虚假行为，公证内容与事实不符，业已被■■■■公安局■■分局以涉嫌虚假诉讼罪立案侦查并移送■■■■区人民检察院提起公诉。■■■区人民检察院亦向我院提出■民（行）执监（2016）61011300003号检察建议书，建议我院将（2013）■■■■字第140■号公证书及（2013）■■■经字第145■号执行证书不予执行。鉴于本案申请执行人高■在公证活动进行期间存在虚假行为，公证债权文书的内容与事实不符，故依据《中华人民共和国民事诉讼法》第二百三十八条第二款及《中华人民共和国民事诉讼法解释》第四百八十条第一款第三项、第二款之规定，裁定如下：

（2013）■■■■字第140■号公证书及（2013）■■■经字第145■号执行证书不予执行。

本裁定送达后立即生效。

审 判 长　■■■
代理审判员　■■
代理审判员　■■■
二〇一七年七月十六日
书 记 员　■■

（2）案件借条。

借 条

本人王XX于2004年1月1日向李XX借款人民币120,000元（大写金额：壹拾贰万元整），保证于2006年12月31日归还，利息按同期银行利率计算。本人以位于XX省XX市XX区XX路XX一单元203室的房屋作为抵押担保。逾期不还的，李XX可向XX省XX市XX区人民申请对上述房产进行拍卖。

借款人：王XX

二〇〇四年一月一日

陈某浴与内蒙古某石业有限公司合同纠纷案

陈某浴与内蒙古某石业有限公司合同纠纷案

（民事诉讼实务）

教学案例概览

摘　要：本教学案例以一起真实的民事诉讼案例为蓝本，围绕对一份协议的真实性判断展开讨论。本案作为再审的经典案例，最高人民法院合理运用证据裁判规则对其相关材料进行抽丝剥茧、严格缜密的分析，勇于打破司法鉴定意见在法庭上的绝对性，这集中展现了法庭对实体正义和程序正义的追求，无论是对法律专业学生的培养或是对当前法治社会的建设都具有积极意义。本教学案例通过分析法官运用证据规则和经验法则对事实的认定过程，让学生熟悉和把握证据认定的规则以及相关知识。同时，结合相似案件，了解鉴定意见在案件中的实际作用，以进一步打破迷信鉴定的思维定式，分析司法鉴定为法庭助力的正确方式。在书证的真实性判断方面，掌握经验法则、逻辑规则和司法鉴定意见并用的正确模式。

关键词：证据裁判规则；经验法则；逻辑规则；鉴定意见；书证真实性

必要性说明：

本案例于 2015 年审理终结。因其为最高人民法院再审的典型案例，不仅能使学生进行与教学目标相关的充分思考，也对当前法治建设具有重要的积极意义，故此选取。

教学案例正文

一、案件相关背景

司法裁判源于事实认定，终于法律适用，诉讼中最为关键的两点在于认定事实和适用法律。以法律法规为大前提，案件事实为小前提，最后得出结论，此即为诉讼案件中经典的"法律推理三段论"。事实的认定是适用法律的基础，其依赖于对证据的全方位分析和运用，而证据裁判规则是所有证据制度的核心。在证据裁判规则下认定事实，即在司法证明的基础之上，运用经验法则和逻辑规则进行推理，通过自由心证形成一定的内心确认，从而得出案件事实。当前我国的诉讼证明模式是严格证明和自由证明相结合的模式。法官在法律的规定体系下具有一定的自由裁量权。面对没有法律明文规定的事项，法官需要结合经验法则、逻辑规则等理论，运用常情、常理和常识分析案件事实。

在司法实践中，常常涉及对案件重要书证的鉴定。然而，部分法官对于书证的真实性判断十分依赖司法鉴定意见，甚至"以鉴代审"。纵然司法鉴定意见是各行业的专家对案件中的专门性问题所出具的专门性意见，具有科学性、技术性等特点，但其本质上是法定证据种类中的一种，仍需要经过严格的质证、认证过程，才能作为印证书证真实性的证据。

本教学案例即聚焦一起民事诉讼案例中协议的真实性判断，旨在说明判断协议的真实性不应仅局限于司法鉴定的结果，而应当合理结合证据裁判规则认定案件事实。在法律规定上，鉴定意见实为法定证据的一种。然而，从鉴定意见的结论到案件事实的认定，不是理所当然、一蹴而就的，需要经过细致的分析和考量。如本案中，鉴定意见显示其印章真实，法庭即据此认定协议真实，得出案件事实。待仔细分析后却发现，印章在证明协议真实性上仅是证据之一，案件同时还存在其他证据以及诸多不合理的情节可供怀疑或否定协议的真实性。因此在证据认定的过程中，需要综合考量各方因素，以实现证据真实性判断的司法目标,达到从证据到案件事实的过渡。

二、基本案情介绍

(一)案件经过

2005年5月1日,陈某浴与内蒙古某石业有限公司签订协议(以下称为"5.1协议")一份,双方就合作开采花岗岩矿等事项做了明确约定。2007年11月,因陈某浴违约,内蒙古某石业有限公司诉至内蒙古自治区某县人民法院(以下简称某县法院),请求解除双方签订的"5.1协议"。某县法院经审理后,判决解除双方签订的"5.1协议"。陈某浴不服提起上诉,内蒙古自治区呼和浩特市中级人民法院判决(以下简称呼市中院)维持一审判决。2008年9月22日,陈某浴向呼市中院提起诉讼,请求内蒙古某石业有限公司赔偿其为矿山所投入的900万元。在该案诉讼期间,呼市中院委托某会计师事务所进行鉴证。嗣后,某会计师事务所作出《鉴证意见》(此处为简称),确定陈某浴承包花岗岩矿期间的开采费用等为7 112 080元。后因陈某浴未按期缴纳诉讼费,呼市中院裁定该案按陈某浴撤诉处理。

2011年11月1日,陈某浴向福建省宁德市中级人民法院(以下称为一审法院)提起诉讼,请求内蒙古某石业有限公司依据上述《鉴证意见》的结果,补偿其在矿山的投入7 112 080元,并首次提供了2005年5月3日双方签订的补充协议(以下称为"5.3补充协议")。内蒙古某石业有限公司申请管辖权异议,同时在此期间提出司法鉴定申请,申请对"5.3补充协议"印章印文进行司法鉴定。福建高院委托某司法鉴定中心鉴定,该鉴定中心鉴定后出具的司法鉴定意见为:检材上的"内蒙古某石业有限公司"印文与样本上的"内蒙古某石业有限公司"印文系同一枚印章盖印。福建高院依据此裁定,驳回内蒙古某石业有限公司管辖权异议的上诉请求。随后,在一审法院审理过程中,内蒙古某石业有限公司以对上述鉴定意见有异议为由,申请对"5.3补充协议"上公司印章的真实性进行重新鉴定,但未能提供证据证明该鉴定意见存在程序违法或结论依据不足等情形。为此,一审法院对内蒙古某石业有限公司要求重新鉴定的申请不予准许。随后,内蒙古某石业有限公司再次申请鉴定，要求对"5.3 补充协议"打印及盖章时间进行鉴定。一审法院则认为，"5.3 补充协议"中内蒙古某石业有限公司印章的真实性已经确定，即使该协议的打印时间在盖章之后，内蒙古某石业有限公司也应当对其意思表示承担法律后果。为此，依据现有证据，一审法院认定"5.3 补充协议"系真实存在，应代表内蒙古某石业有限公司的真实意思表示，并支持陈某浴的诉讼请求。内蒙古某石业有限公司不服一审判决，上诉至福建高院。福建高院经审查发现，一审法院在内蒙古某石业有限公司印章的真实性已确定的情况下，再对"5.3 补充协议"中打印及盖章时间进行鉴定没有意义，从而对该公司的鉴定申请不予准许。福建高院认为，上述鉴定意见程序合法，随后作出驳回上诉、维持原判的判决。内蒙古某石业有限公司不服此判决，向最高人民法院申请再审。最高人民法院于 2014 年裁定提审此案，并已依法作出判决。

本案涉及证据材料主要为"5.1 协议"（见附录 2）和"5.3 补充协议"（见附录 3）。

（二）诉讼争议焦点

本案中内蒙古某石业有限公司对陈某浴承担投资损失赔偿责任的基础主要是"5.3 补充协议"的真实性。因此本案主要的诉讼争议焦点之一即是"5.3 补充协议"真实性的认定问题。

福建高院曾委托某司法鉴定中心鉴定"5.3 补充协议"印章的真实性，鉴定结果显示为：该协议的印章真实。然而，印章真实是否意味着协议真实？协议形成行为与印章加盖行为在性质上具有相对独立性，协议内容是双方合意行为的表现形式，而印章加盖行为是各方确认双方合意内容的方式，二者相互关联，又相对独立。为此，辩护双方在鉴定的基础之上，结合诸多关联事实，针对"5.3 补充协议"的真实性展开了激烈的辩论。

教学指导手册

一、教学具体目标

本教学案例设计目标在于培养学生的证据思维，让学生着重学习和掌握证据认定的相关规则，了解司法鉴定为法庭助力的正确方式。具体要解决的问题包括：（1）司法证明；（2）证据法下的经验法则和逻辑规则；（3）运用经验法则进行逻辑推理；（4）正确认识鉴定意见；（5）司法鉴定为法庭助力的正确方式；（6）再审申请书和再审申请书答辩状的撰写；（7）模拟庭审质证活动。

二、教学内容

（一）司法证明

证据裁判规则的基础是司法证明。司法证明活动存在于审判之中，是负有证明责任的一方在裁判者面前所进行的证明活动。一项完整的司法证明活动至少包括四个方面的构成要素：证明对象、证明责任、证明标准、证明程序。这四个要素解决了以下几个问题：需要证明的案件事实是什么？哪一方负责提出证据证明？若证明不能，则由哪方承担不利后果？对某一案件事实的证明需要达到怎么样的程度，裁判者才可以确信该事实的真实性，从而将此作为裁判的依据？根据什么样的程序进行司法证明活动？

在诉讼当中，当事人往往在司法证明的基础之上，根据经验法则和逻辑规则来说服法官信服其所主张的案件事实的真实性，从而支持其诉讼请求。

（二）证据法下的经验法则和逻辑规则

霍姆斯说："法律的生命在于经验。"经验法则是民事诉讼过程中认定事实、评价证据、决定证据证明力的一个重要法则。经验法则是法官自由心证过程的内部制约，是法官对案件进行表见证明的重要准则。在民事诉讼中正确适用经验法则，有助于法官通过评价证据、判断证明力，正确认定事实，

正确适用法律，实现公平正义。❶

我国法律中明确规定经验法则在民事诉讼中的应用。如《民事诉讼法司法解释》第九十三条规定："下列事实，当事人无须举证证明：……（四）根据已知的事实和日常生活经验法则推定出的另一事实……"；第一百零五条规定："人民法院应当按照法定程序，全面、客观地审核证据，依照法律规定，运用逻辑推理和日常生活经验法则，对证据有无证明力和证明力大小进行判断，并公开判断的理由和结果。"

证据法下的逻辑规则是指为相应的证据制度提供用于证明的基本逻辑结构和形式的方法。运用逻辑规则是一个不断追求司法证明的实体公正和程序公正的过程。经验法则在证据判断方面发挥选择作用，而逻辑规则是在案件事实认定方面发挥推理作用。《民事诉讼法司法解释》第一百零五条同样规定了法院审查证据需要运用逻辑规则。

本案例中，一审法院和二审法院均执着于鉴定意见，根据鉴定意见认定本案关键协议的真实性，因此忽略了许多不符合常情、常理的疑点。本案法官在审查证据材料、判断案件事实时，并没有合理地运用经验法则进行逻辑推理，从而对案件事实的认定存在一定的偏差。

（三）运用经验法则进行逻辑推理

在案件事实认定中，经验法则和逻辑规则发挥的作用主要有两个方面。第一，发挥直接作用。从已知事实的存在得出未知事实的存在。当事人运用"法律推理三段论"的结构，大前提为经验法则，小前提为已知事实，结论为待证事实，也就是未知事实。第二，发挥间接作用。运用经验法则对证据能力和证明力进行判断，进而利用证据进行事实认定。具体运用可结合本案例进行分析。

本案例的争议焦点之一是"5.3补充协议"的真实性。福建高院对"5.3补充协议"的印章进行了委托鉴定，鉴定意见显示印章为真。本案涉及的主要证据材料包括"5.1协议"和"5.3补充协议"。根据以上信息，结合案件

---

❶ 袁煜："论民事诉讼中的经验法则"，贵州大学硕士论文2015年6月。

的具体情况，却发现诸多偏离日常经验法则的矛盾无法得到解释。

通过仔细分析"5.3补充协议"，我们会发现以下不符合常理之处：（1）"5.3补充协议"约定的内容十分重要，陈某浴在之前的相关诉讼中却从未提及此协议。陈某浴虽解释该"5.3补充协议"当时无法找到，是多年后在清理个人物品时偶然发现的，但其前后陈述中所指的发现地点不一，结合该补充协议相关内容对双方关系的重大影响，其解释不合情理。（2）"5.1协议"履行地和签订地均远在内蒙古，但是"5.3补充协议"却约定，产生诉讼必须由陈某浴的户籍所在地福建省管辖，在之前的相关诉讼中陈某浴也从未提起管辖权异议。（3）"5.3补充协议"对"5.1协议"的风险负担进行根本变更，陈某浴无法作出合理的解释。"5.3补充协议"与"5.1协议"之间仅仅存在一天之隔，内容便发生了根本性的变化。"5.1协议"中约定由陈某浴承担的绝大部分的合作风险于"5.3补充协议"中完全转移至内蒙古某石业有限公司一方。在现实中，内蒙古某石业有限公司明显为较强势一方，却几乎承担全部合作风险，这不符合常理。（4）"5.3补充协议"自身的基本内容发生矛盾，陈某浴无法合理说明。"5.3补充协议"第二条规定"5.1协议"第十条中陈某浴承担的损失限定为"经营损失"，与"5.3补充协议"第一条所涉"投资"相区分。实际上，所谓"经营损失"反映的是投资与收益的关系，而陈某浴履行协议中所投入的生产经营成本性质上即为投资，而"5.3补充协议"第一条又明确约定由内蒙古某石业有限公司承担投资款退还义务。此内容前后相互矛盾。（5）"5.3补充协议"在形式上存在与之前双方订约习惯具有明显差异的情况。具体差异情况为：甲方、乙方结尾签名的位置颠倒；内蒙古某石业有限公司只盖章未签名；没有明确协议份数的条款等。结合经验法则，发现"5.3补充协议"存在诸多不符合常理的情况，可以合理推定该协议不真实。

（四）正确认识鉴定意见

鉴定意见是各行业的专家对案件中的专门性问题所出具的专门性意见，是我国诉讼法规定的法定证据形式之一，具有科学性、专业性、可靠性等特征。所以，司法人员容易执着并依赖于鉴定意见，以鉴定意见代替庭审经过，从而忽略更重要的案件本身。鉴定意见虽然作为一种科学证据，但依旧是人为判断。一方面，在鉴定中，有可能会出现因检材受污染、鉴定不及时、鉴定技术有限、鉴定人的疏忽等而造成鉴定意见错误的情况，也有可能出现虚假鉴定的情况。另一方面，鉴定意见真实，但鉴定材料未必真实，案件事实未必等同于鉴定意见。司法人员既要重视科学证据，又不能迷信科学证据。我国 2012 年修订《中华人民共和国刑事诉讼法》（以下简称《刑事诉讼法》），将"鉴定结论"改为了"鉴定意见"，这背后正是蕴含着我们对司法鉴定本质的重新认识。本教学案例主要从书证的鉴定方面出发，借此见微知著，帮助学生更多地了解法律实务工作。

以本案书证真实性判断为例，表明书证的真实性判断需要对经验法则、逻辑规则和鉴定意见的共同运用，印章真实并不代表文书真实。

如在本案中，根据主要证据材料"5.3 补充协议"的鉴定意见显示，其印章真实。然而，根据多方因素推理印证，得出该协议并不真实的结论。由此我们发现，印章真实并不代表协议真实。又如一起由重庆市第五中级人民法院审理的案例，其中对一份主要的书证进行印章鉴定和落款时间鉴定。❶ 首次鉴定意见表明，该书证的印章真实。随后，二审法院根据鉴定意见认可该书证的真实性，并依此进行判决。后上诉人申请再审，再审中再次进行鉴定，并更改鉴定要求，后鉴定意见表明该书证是利用一份有落款单位名称、日期字迹并加盖有一方单位名称印文的纸张，在纸张空白部位二次添加打印标题、抬头及正文字迹内容而变造形成。再如一起由黑龙江省牡丹江市中级人民法院审理的案例，其中对几份主要文书的印章进行真实性鉴定。❷ 鉴定结果表明，其文书的印章均为真实。然而，在其后的鉴定中，根据打印机留下的特殊墨粉痕迹发现，落款时间为 2008 年的文书形成于落款时间为 2010 年的文书之后。由此鉴定意见表明文书为伪造，随后原告与被告和解并撤诉。

结合实务情况，我们总结后可发现，书证易于被伪造、变造，从而从根

---

❶ 案号为：（2019）渝 05 民终 3218 号。
❷ 案号为：（2012）牡商初字第 35 号。

本上影响庭审结果。鉴定要求不厘清、鉴定过程不严谨，极有可能造成冤案。在日常书证的鉴定上，我们应当注意以下几个方面：印章的加盖时间，打印和盖章的先后顺序，正文与落款时间的一致性，朱墨时序，二次添加打印的检验等。

（五）司法鉴定为法庭助力的正确方式

党的十八届四中全会提出，为建立中国特色社会主义法治体系，构建社会主义法治国家，全面推进司法改革，共同推进法治国家、法治政府、法治社会一体建设，实现科学立法、严格执法、公正司法、全民守法。党的十九大精神提出，要围绕"努力让人民群众在每一个司法案件中感受到公平正义"的目标而奋斗。为此，司法鉴定也要在其中发挥积极主动的作用，尽心尽责为法庭助力，促进程序正义和实体正义的实现，减少冤假错案的发生。

法官和当事人一般都没有鉴定相关的专业知识，无法及时判断书证的真实性，难以正确合理地提出鉴定要求。因此，鉴定人和鉴定机构应运用自己的专业知识和技能经验帮助其发现案件事实。以书证的真实性鉴定为例，在对书证的真实性进行鉴定时，应着力于以下几点：（1）发现疑点，寻找突破口，合理厘定鉴定要点；（2）严格把握鉴别印章、印文真实性等必要鉴定流程；（3）对朱墨时序进行必要性鉴定；（4）注意对添加、换页及其他变造手法的检验；（5）注意对文件形成时间的鉴定等。

（六）再审申请书和再审申请书答辩状的撰写

当事人对已经发生法律效力的判决、裁定，认为有错误的，可以向上一级人民法院申请再审。当事人申请再审的，应当提交再审申请书等材料。再审申请书应当依照法律的要求进行撰写。《民事诉讼法司法解释》第三百七十八条规定："再审申请书应当记明下列事项：（一）再审申请人与被申请人及原审其他当事人的基本信息；（二）原审人民法院的名称，原审裁判文书案号；（三）具体的再审请求；（四）申请再审的法定情形及具体事实、理由。再审申请书应当明确申请再审的人民法院，并由再审申请人签名、捺印或者盖章。"（具体格式可参照附录4）

一方当事人提交再审申请书后，法庭在规定时间之内将再审申请书及相关材料移交给另一方当事人。另一方当事人需要据此提交再审申请答辩状（具体格式可参照附录5）及相关材料。授课教师可结合本教学案例再审情形，为学生分组后，分别布置再审申请书和再审申请书答辩状的撰写任务。

（七）模拟庭审质证活动

本案中的主要争议焦点之一为协议真实性的质证，该质证主要涉及辩护双方当事人及法官的参与。在模拟庭审环节，同学们分组扮演辩护双方的诉讼代理人和法官这些主要角色，结合证据裁判原则和对司法鉴定意见的科学运用，针对"5.3补充协议"的真实性进行质证。通过模拟庭审，达到让学生熟悉和把握证据裁判规则的具体运用等教学目标。

三、教学预期效果

通过本教学案例，使学生们熟悉民事诉讼中证据裁判规则的运用，了解法官采信证据的角度，学习正确看待司法鉴定意见的方式，并切实培养学生运用法律思维思考实践问题的能力以及撰写相关法律文书的能力。最后结合模拟庭审，让学生将理论和实践融会贯通，为日后从事法律工作奠定坚实的实务基础。

具体而言，通过本教学案例，达到以下预期效果：一是了解民事诉讼中证据裁判规则的运用；二是培养正确看待司法鉴定意见的方式；三是锻炼学生思考实践问题以及撰写法律文书的能力；四是通过模拟庭审，让学生熟悉庭审规则和进程，把握庭审重心，奠定实务技能基础，以期将来能够更快地驾驭法律实务工作。

四、教学课时安排

本案例可以作为专门的实务案例教学课来进行，整个案例教学课的课堂安排为6个课时，每课时45分钟。

五、课堂教学计划

1. 课前计划

（1）授课教师提前为学生分发案例概况、相关证据资料，准备模拟庭审所需要的物质、设备等条件；

（2）学生熟悉基本案情，分析证据资料，收集相似案例和相关资料，并列明问题；

（3）将学生进行人员分组，分为辩护双方和法官三组；

（4）各组选定负责人，成员之间交流协作，组内提前准备模拟庭审所需要的材料。

2. 课中计划

（1）介绍教学目的，明确课程教学主题与教学目标；

（2）主要知识点的讲授和案例的初步演示，并为学生留下案例的疑问；

（3）分组展开讨论，结合所授知识思索案例中自己所代表一方的问题；

（4）组织学生进行模拟庭审，还原案件的诉讼过程；

（5）授课教师对模拟庭审进行评价并总结。

3. 课后计划

给出其他类型的案例，让学生独自分析案例中证据的认定和事实的把握，进一步提高学生运用证据法理念思考实践问题的能力。

六、思考题和实践题

1. 思考题

（1）证据裁判原则的例外是什么？

（2）民事诉讼中，何时可以委托司法鉴定，如何委托司法鉴定？

（3）什么是补充鉴定和重新鉴定程序？

（4）本案中再审法院为何没有就关键书证进行重新鉴定？

（5）庭审中鉴定意见质证的一般程序？

（6）民事诉讼中的告知程序有哪些？不行使告知程序的后果如何？

（7）法官的自由裁量权应当如何把握？

（8）如何平衡严格证明和自由证明？

（9）根据民事案件管辖的相关规定，如何提起管辖权异议？

（10）书证的伪造、变造手法有哪些？

（11）仅加盖公司公章而无法定代表人或授权人签字的合同效力如何认定？

（12）盖章的空白纸张是否意味着无限授权？

（13）简要阐述鉴定人出庭的必要性。

2. 实践题

（1）假如你是本案内蒙古某石业有限公司的辩护律师，请你撰写一份司法鉴定申请书。

（2）假如你是本案鉴定异议方的专家辅助人，你应当如何帮助自己的委托人针对鉴定意见进行辩护和质证？

（3）假如诉讼双方以及鉴定人、专家辅助人之间对鉴定意见争议较大，如果你是本案主审法官，你对鉴定意见是否采信、是否启动补充鉴定/重新鉴定程序作出决定的理由和依据是什么？

七、延伸阅读

（1）张卫平：《民事证据法》，法律出版社2017年版。

（2）邵明："论民事诉讼证据裁判原则"，载《清华法学》2009年第1期。

（3）王跃、张海辉、王勇："添加打印文书检验方法新探"，载《中国司法鉴定》2008年第2期。

（4）王跃："打印变造文书的检验流程及要旨"，载《中国司法鉴定》2012年第2期。

（5）王亚新："民事诉讼中的证据和证明"，载《证据科学》2013年第6期。

（6）李苏林："证据裁判原则下的案件事实认定"，载《山西大学学报（哲学社会科学版）》2015年第3期。

附　录

附录1："陈某浴与内蒙古某石业有限公司合同纠纷案"诉讼进程介绍

诉讼1：内蒙古某石业有限公司请求解除与陈某浴之间的合作协议

时间：2007年11月—2008年

原告：内蒙古某石业有限公司

被告：陈某浴

一审法院：某县人民法院

二审法院：呼市中院

判决：一、二审均判原告胜诉

诉讼2：陈某浴提起反诉，要求内蒙古某石业有限公司补偿矿山投资款

时间：2008年

原告：内蒙古某石业有限公司

被告：陈某浴

一审法院：呼市中院

因陈某浴未缴纳诉讼费，2011年呼市中院作出撤诉处理裁定。

诉讼3：陈某浴要求内蒙古某石业有限公司补偿矿山投资款

时间：2011年

原告：陈某浴

被告：内蒙古某石业有限公司

一审法院及判决：福建省宁德市中级人民法院；经鉴定，"5.3补充协议"上的印文与样本上的印文系同一枚印章盖印，一审法院认为"印章真实"，故采信"5.3补充协议"，判陈某浴胜诉。

二审法院及判决：福建高院；维持原判。

再审法院及判决：最高人民法院；认为一、二审法院事实认定不清，法律适用错误。未采信"5.3补充协议"，判决撤销一、二审判决，驳回陈某浴的诉讼请求。

附录2："5.1协议"

协　议

甲方：内蒙古██石业有限公司　　（以下简称甲方）
乙方：陈█浴　　　　　　　　　　（以下简称乙方）

甲乙双方经平等协商，本着互惠互利的原则就双方合作开采和林格尔县榆树沟似斑状含榴黑云母花岗岩石材矿一事达成协议如下：

一、甲方负责2005年9月底之前办理采矿权手续，保证乙方合法开采。

二、乙方开采期为6年，从2005年5月1日开始至2011年4月30日止。

三、乙方有组织实施采石生产、销售产品的权力。乙方有保护矿山资源合理开采的义务。有保护矿山生态环境，按环评报告要求开矿的义务。有保障安全生产和维护劳动者合法权益的义务。并承担因履行或不履行上述权利和义务而发生的所有经济责任和法律责任。

四、乙方必须按照甲乙双方共同商定和认可的合理开采的施工方案进行开采，不得实施损坏开采，乙方不得以任何形式将矿山采矿权转让他人，否则甲方有权立即终止合同。造成的损失由乙方承担。

五、乙方有权正常使用甲方已建好的矿区房屋（留两间供甲方使用）及供电设施，有义务对上述甲方财产进行维护修缮。承担一切费用。有义务保证上述财产存续及功能完好，未经甲方许可不得对上述财产进行变动。

六、乙方进行生产、销售活动的资金、人力、物力以及税金由乙方负责解决；乙方及乙方人员在生产经营活动中因自身原因引起的各项责任义务由乙方承担。

七、因乙方生产经营发生的工商、税务以及与矿山所在地政府的关系由甲乙双方共同配合协调，由乙方承担费用。

八、乙方必须认真贯彻安全生产管理法的规定和要求，确保施工生产的安全，杜绝和防止各种事故的发生。一旦发生伤亡事故应积极组织对伤员救护，对事故现场进行保护并及时上报有关部门，不得隐瞒和虚报，并承担因发生事故产生的一切责任和费用。

九、开采期前三年乙方每年交付甲方矿山费用补偿金三十万元。第一年的补偿金分两次付清：第一次壹拾万元于2005年5月31日之前支付，第二次贰拾万元于2005年9月30日之前支付，第二、三年的补偿金在每年9月30日之前一次付清。开采期第四年开始，乙方每年交付甲方矿山费用补偿金五十万元，在每年9月30日之前一次付清。

十、乙方如不按期履行本协议第九条规定，甲方有权单方终止合同，造成的损失由乙方承担。

十一、乙方必须在开采的范围内留出一个工作面供甲方开采。具体开采位置甲乙双方在2005年5月31日前确定，并签定有关协议。

十二、乙方开采期内因甲方办理采矿证手续问题（非人力不可抗拒原因除外）造成乙方不可继续开采，应及时通知乙方并协调解决。

开采期结束后在同等条件下，乙方有优先取得采矿的权力。

十三、乙方开采期结束后，在乙方没有取得采矿权的情况下，甲方酌情补偿乙方在矿山投入的房屋、水井所支付的费用，价格双方协商或请权威部门评估。

十四、本协议自2005年5月1日起经双方签字盖章生效，甲乙双方于2004年9月26日签定《内部承包合同》自动终止。因履行原内部承包合同产生的债权债务由乙方承担。

十五、对任何一方因不可抗力所致的履约不能，依法免除其不能履行协议的责任。

十六、本协议未尽事宜，双方协商订立补充协议。

十七、本协议一式两份，双方各执一份，具有等法律效力。

甲方　（盖　章）　　　　　　乙方　（盖　章）

负责人签字　　　　　　　　　负责人签字

2005年5月1日　　　　　　　　2005年5月1日

附录3："5.3补充协议"

补充协议

甲方：陈▆浴，身份证号：▆▆▆▆▆▆▆▆▆▆▆▆（简称甲方）
乙方：内蒙古▆▆石业有限公司　　　　　（简称乙方）

甲、乙双方在2005年5月1日签订《协议》的基础上，就合作开采和林格尔县榆树沟似斑状含榴黑云母花岗岩石材矿一事签订如下补充条款：

一、甲、乙双方一致同意，为保证甲方在与乙方合作开采石材矿期间投入的全部投资安全及不受损失，双方商定，不论双方的合作能否继续，也不论双方于2005年5月1日签订的《协议》有效或无效，只要乙方单方面解除或终止协议，或者《协议》被法院判定解除、终止或无效，乙方同意按照公平、合理的原则，对甲方的全部投入进行清算并退还给甲方。为此，甲、乙双方中的任何一方有权申请鉴定机构或申请法院进行鉴定、评估，乙方按照评估、鉴定结果退还甲方的投资。如一方已申请鉴定或评估，对该鉴定报告及评估结果另一方无权再次申请鉴定。

二、2005年5月1日双方签订的《协议》第十条所约定的"甲方有权单方终止合同，造成的损失由乙方承担"，本条所指的损失是指经营损失，不包括陈▆浴的投资。

三、2005年5月1日签订的《协议》发生纠纷，双方协商解决，协商不成，甲、乙双方一致同意提交福建省福鼎市人民法院或福建省宁德市中级人民法院管辖和受理。

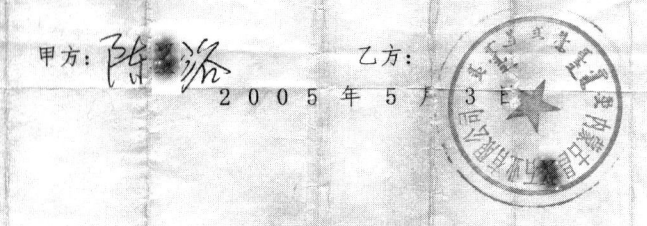

甲方：陈▆浴　　　　　乙方：（盖章）
　　　　　　　　2005年5月3日

附录4：再审申请书

民事再审申请书（范本）

再审申请人（一、二审诉讼地位）：×××，男/女，××××年××月××日出生，×族，_____（写明工作单位和职务或者职业），住址：_____。联系方式：_____。

法定代理人/指定代理人：×××，_____。

委托诉讼代理人：×××，_____。

被申请人（一、二审诉讼地位）：×××，_____。

原审原告/被告/第三人（一审诉讼地位）：×××，_____。

（以上写明当事人和其他诉讼参加人的姓名或者名称等基本信息）

再审申请人×××因与×××_____（写明案由）一案，不服××××人民法院（写明原审人民法院的名称）××××年××月××日作出的（××××）_____号民事判决/民事裁定/民事调解书，现提出再审申请。

再审请求：

_____

事实和理由：

_____（写明申请再审的法定情形及事实和理由）。

此致

××××人民法院

附：本民事再审申请书副本×份

再审申请人（签名或者盖章）

××××年××月××日

附录5：再审申请书答辩状

民事再审申请答辩状（范本）

再审答辩人（一、二审诉讼地位）：×××，男/女，××××年××月××日出生，×族，_____（写明工作单位和职务或者职业），住址：_____。联系方式：_____。

法定代理人/指定代理人：×××，_____。

委托诉讼代理人：×××，_____。

被答辩人（一、二审诉讼地位）：×××，_____。

原审原告/被告/第三人（一审诉讼地位）：×××，_____。

（以上写明当事人和其他诉讼参加人的姓名或者名称等基本信息）

答辩人×××因与×××_____（写明案由）一案，×××不服××××人民法院（写明原审人民法院的名称）××××年××月××日作出的（××××）_____号民事判决/民事裁定/民事调解书，提出再审申请。现答辩人×××收到贵院送达的_____民再终字第_____号再审案件应诉通知书，答辩如下：

答辩事项：

_____

事实和理由：

_____

此致

××××人民法院

附：本民事再审申请答辩状副本×份

答辩人（签名或者盖章）
××××年××月××日

陈某某等非法拘禁、敲诈勒索、诈骗案

陈某某等非法拘禁、敲诈勒索、诈骗案

——对"套路贷"犯罪的认定与处理

（刑事诉讼实务）

教学案例概览

摘　要： 本教学案例是以一起真实的"套路贷"犯罪为蓝本，围绕目前刑事诉讼中认定、处理"套路贷"犯罪案件中存在的问题所设计的教学案例。其中涉及的知识点和职业技能包括：对"套路贷"犯罪的认定，具体的"套路贷"犯罪案件中可能涉及的罪名，刑事诉讼程序与民事诉讼程序在取证主体、证明责任以及证明标准方面的区别，"套路贷"案件中虚假诉讼的认定与处理，以及刑民交叉案件的处理。本教学案例对刑事诉讼中"套路贷"犯罪案件的处理具有参考意义。

关键词： "套路贷"案件；刑事诉讼程序；虚假诉讼；刑民交叉程序

教学案例正文

一、案件相关背景

近年来，民间借贷规模不断扩大，形式也越发多样，一些市场乱象随之出现。"套路贷"犯罪依托于民间借贷市场，利用民事诉讼证据规则，隐藏犯罪行为人非法占有的目的，形成了一套隐蔽性较强的作案模式。"套路贷"犯罪手段经过精心设计，环环相扣，采用欺骗和胁迫相结合的方式，使被害人配合并形成虚假的证据链。客观证据是司法机关认定犯罪事实的基础，通过设计而形成的虚假证据链会掩盖真实的犯罪行为。当证据反映的信息不是客观事实而是虚假的法律关系时，法律会成为实施犯罪的工具，因此"套路贷"犯罪的司法认定与处理是目前亟待解决的问题。

二、基本案情及证据材料

（一）基本案情

2014年起，陈某某、韩某某以个人名义发放高利贷。2016年3月，陈某某、韩某某、魏某某、俞某等人经商议注册成立上海S咨询公司，由俞某担任法定代表人，并租借上海市某地作为办公地从事高利贷业务。根据约定，陈某某、韩某某、魏某某各抽取高利贷业务盈利的30%作为提成，俞某抽取10%作为提成。

2014年8月26日、27日，李某一向陈某某、韩某某借款5万元，但应二人要求写下借款10万元的借条。2014年8月至11月，李某一应陈某某、韩某某要求向二人还款6.3万元。2015年1月12日，陈某某、韩某某明知李某一实际借款5万元，仍虚构李某一向其借款10万元未归还的事实，向上海市某区人民法院提起民事诉讼。2015年4月29日，上海市某区人民法院作出一审判决，判决李某一返还陈某某、韩某某本金10万元及相应利息、律师服务费等。李某一提出上诉，后因未缴纳诉讼费按撤诉处理，一审判决已生效，但李某一并未履行该判决。

2016年4月25日上午，许某二向陈某某等人借款20万元并承诺当日还款。当日13时许，俞某将20万元汇入许某二银行账户后，跟随许某二以确保其还款。在得知许某二当日无法归还上述钱款后，陈某某纠集魏某某等多人向许某二讨要钱款未果，于当日18时许将许某二强行带至由魏某某登记开房的上海市某酒店的8223房间，在车上陈某某等人殴打许某二并对其进行言语威胁。后陈某某等人在该房间内对许某二实施看管，陈某某向许某二讨要当日欠款20万元以及所谓此前所欠的本息，合计60余万元；其间，陈某某动手殴打许某二。许某二被迫通过家人筹集钱款,并陆续以银行、支付宝、微信转账及取现等方式,直至次日凌晨归还陈某某等人20.5万元。随后,陈某某、韩某某又以许某二仍欠本金及利息合计60万元未还为由,要求许某二在4月26日中午前支付60万元结清债务。2016年4月26日凌晨0时40分许,陈某某等人驾车将许某二押送至其父亲居住的上海市某小区门口,陈某某等人继续向许某二父亲强行索要60万元。许某二及其父亲被迫同意后才将许某二释放。2016年4月26日上午,陈某某等人继续向许某二索要上述钱款,许某二被迫筹集60万元并以现金和转账方式支付给陈某某等人,其中韩某某分得18万元。后陈某某等人表示已经与许某二结清债务并归还了所有欠条。2016年5月,被告人陈某某、韩某某、魏某某、俞某等人赴泰国旅游期间,因对许某二上月为陈某某等人订购的泰国旅游行程不满,经共同商议,以留存的一张本应归还许某二的20万元借条,再次对许某二实施敲诈勒索。许某二被迫于2016年5月20日、24日通过转账方式向俞某账户支付7万元,后陈某某将该借条归还许某二。

2016年4月18日,吕某三至上海S咨询公司,向该公司提供身份证、户口簿、结婚证、个人房屋产权调查等材料欲借款15万元,吕某三写下借款25万元的借条,在签订个人借款合同后,由俞某等人带至银行走账。后陈某某等人发现吕某三隐瞒房屋已有抵押的情况并未放款,俞某还对吕某三实施殴打。当晚,陈某某、韩某某、俞某等共同商议,以持有借条和相关证件、资料等向吕某三勒索钱款4万元,后吕某三并未支付相关钱款。2016年6月,陈某某等人委托律师曹某某向法院提起民事诉讼,逼迫吕某三还款。曹某某在明知吕某三遭受殴打且实际未借得任何钱款的情况下,接受陈某某等人的委托,篡改个人借款合同中的借款地点,并于同年6月27日以虚构的吕某三借得25万元且未归还的事实,向上海市某区人民法院提起民事诉讼并申请诉讼保全,要求吕某三赔偿本金25万元及相应利息。同年7月14日,上海市某区人民法院作出裁定,冻结吕某三名下银行存款25万元,不足部分则查封、扣押其相应价值的财产。同年8月8日,上海市某区人民法院开庭审理该案。庭审中,曹某某在法庭中虚构吕某三向陈某某等人借款25万元的事实,并在举证环节向法庭提供虚假证据。2016 年 9 月 8 日，曹某某在得知陈某某等人被采取强制措施的情况下向上海市某区人民法院申请撤诉及解除诉讼保全。

2016 年 4 月 11 日，姜某四至上海 S 咨询公司借款，实际借得 28.8 万元，但写下借款 70 万元的借条并签订个人借款合同，姜某四于次月归还 2 万元。2016 年 6 月，陈某某等人委托律师曹某某通过诉讼、查封房产等方式逼迫姜某四还款。曹某某在明知姜某四实际借款与借条、借款合同金额明显不符的情况下，接受陈某某等人的委托，篡改个人借款合同中的借款地点，并于同年 6 月 27 日，以捏造的姜某四借款 70 万元的事实，向上海市某区人民法院提起民事诉讼并申请诉讼保全，要求姜某四赔偿本金 70 万元及相应利息。同年 7 月 14 日，上海市某区人民法院作出裁定，冻结姜某四名下银行存款 70 万元，不足部分则查封、扣押其相应价值的财产。同年 8 月 8 日，上海市某区人民法院开庭审理该案。庭审中，曹某某在法庭中隐瞒姜某四实际借款 28.8 万元并已归还 2 万元的事实，虚构姜某四向陈某某等人借款 70 万元且未归还的事实，并在举证环节向法庭提供虚假证据。2016 年 9 月 8 日，曹某某在得知陈某某等人被采取强制措施的情况下向上海市某区人民法院申请撤诉及解除诉讼保全。

（二）证据材料

（1）李某一的陈述及其提供的收据、借据、银行账户历史交易明细，以及上海市公安局从上海某区人民法院调取的陈某某、韩某某诉李某一民间借贷纠纷一案诉讼档案材料；

（2）许某二的陈述、辨认笔录、借款和还款明细表、借条、银行账户交易明细等；

（3）吕某三的陈述和辨认笔录、上海市公安局出具的情况说明、向上海市某区人民法院调取的陈某某等人诉吕某三民间借贷纠纷一案诉讼档案材料；

（4）上海市公安局出具的情况说明、向上海市某区人民法院调取的陈某某等人诉姜某四民间借贷纠纷一案诉讼档案材料。

教学指导手册

一、教学具体目标

本教学案例主要就司法实践中如何认定"套路贷"犯罪进行论述，具体要解决的问题包括：(1) 如何区别民间借贷与"套路贷"犯罪；(2) 诉讼程序中对"套路贷"案件的刑事法律规制；(3) "套路贷"案件中可能涉及的具体罪名；(4) "套路贷"案件中的虚假诉讼认定与处理；(5) "套路贷"案件中对刑民交叉案件的处理。

二、教学内容

（一）区别民间借贷与"套路贷"犯罪

民间借贷是指自然人、法人、其他组织之间及其相互之间进行资金融通的行为。❶ "套路贷"是对以非法占有为目的，假借民间借贷之名，诱使或迫使被害人签订"借贷"或变相"借贷""抵押""担保"等相关协议，通过虚增借贷金额、恶意制造违约、肆意认定违约、毁匿还款证据等方式形成虚假债权债务，并借助诉讼、仲裁、公证或者采用暴力、威胁以及其他手段非法占有被害人财物的相关违法犯罪活动的概括性称谓。❷ "套路贷"实际上是以民间借贷为幌子，以非法占有他人财产为目的的有组织的犯罪行为。因此区别民间借贷与"套路贷"犯罪的关键点在于判断行为人是否存在非法占有目的；同时，需要结合"套路贷"犯罪中较为常见的行为方式进行全面、综合的判断。

在民间借贷行为中，出借人出借款项的目的在于借款人能够按期归还本金同时获得一定的利息（也存在无息借款的情形）；而在"套路贷"犯罪活

---

❶ 最高人民法院《关于审理民间借贷案件适用法律若干问题的规定》第一条。
❷ 最高人民法院、最高人民检察院、公安部、司法部印发《关于办理"套路贷"刑事案件若干问题的意见》第1点。

动中，出借人不以借款人按期还本付息为目的，而是通过设置层层复杂的套路，利用民事证据规则来欺骗、侵吞借款人的财产。

"套路贷"犯罪常见的行为方式表现为：在签订借款合同阶段，出借人一般利用借款人急需用钱的处境，与借款人签订的借款合同的金额一般都远高于实际借款金额，或者直接要求借款人签订空白合同，即借款日期、利息等关键信息留白，同时一般借款合同只有一份且由出借方保管。在合同的履行阶段，（1）出借人通过借款人逾期（包括主动逾期和被迫逾期）收取高额的罚息；（2）利用"转单平账"的方式垒高债务金额，即债务到期后将借款人所欠的本金和利息一并结算，由借款人通过出借人的关联方再次借出相应的金额后，立即返还给出借方；（3）出借方人为地制造还款障碍以收取高额的违约金等方式来侵吞借款人的财产。同时在"套路贷"犯罪的签订合同阶段、履行合同阶段，以及最后的催收阶段往往都伴随着威胁、暴力等非法手段。

要正确地认定"套路贷"犯罪，还需要厘清其与民间借贷中的高利贷的区别。从表面上看，"套路贷"和高利贷都追求高收益，因此在司法实践中容易将"套路贷"犯罪行为误认为是高利贷行为，但实质上"套路贷"和高利贷存在着明显的区别。高利贷是借出本金以收取高额的利息为目的；而"套路贷"是以欺骗、侵吞借款人财产为目的。高利贷中所签订的借款合同（借条）虚增的部分是利息（砍头息），以规避年利率不超过36%的法律规定[1]，对于这些利息借款人事先是知道且同意的；而"套路贷"中虚增的部分是"行规""担保"，借款人事先认为只要自己按时还款就无须支付该笔款项。

最后，要正确地认定"套路贷"犯罪，还要厘清其与司法实践中由非法讨债所引发的案件的区别。在该类案件中，出借人不具有非法占有目的，也未使用"套路"与借款人形成虚假债权债务关系，因此不应被视为"套路贷"犯罪行为。因使用暴力、威胁以及其他手段强行索债构成犯罪的，应当

---

[1] 最高人民法院《关于审理民间借贷案件适用法律若干问题的规定》第二十六条规定："借贷双方约定的利率未超过年利率24%，出借人请求借款人按照约定的利率支付利息的，人民法院应予支持。借贷双方约定的利率超过年利率36%，超过部分的利息约定无效。借款人请求出借人返还已支付的超过年利率36%部分的利息的，人民法院应予支持。"

根据具体案件事实定罪处罚。

(二) 诉讼程序中对"套路贷"案件的刑事法律规制

事实分为"客观事实"和"法律事实","客观事实"是指客观存在的事实,"法律事实"是指通过证据予以证明的事实。不论是刑事案件还是民事案件,根据证据裁判原则,都需要通过证据证明、还原的"法律事实"来认定案件,进而作出相应的裁判。在理想状态下,法院认定的"法律事实"应等同于"客观事实",但由于时间的单向性和人类认识的有限性,在大多数情况下都不可能完全等同于"客观事实"。刑事诉讼程序涉及犯罪嫌疑人或被告人财产、人身自由乃至生命的剥夺,因此,在刑事诉讼程序中追求实质真实;民事诉讼程序涉及平等民事主体之间的人身、财产纠纷,基于公正与效率的价值考量,在民事诉讼程序中更追求形式真实,即强调法院仅仅根据争议双方提交的证据来认定案件事实,并根据双方的和解、调解、撤诉、缺席审判来直接确定民事责任,同时被告方自认也会对法院的判决具有约束力。基于刑事诉讼程序和民事诉讼程序的价值目标不同,两个程序在证明责任、证明标准方面存在差异,进而导致两种程序中"法律事实"贴近"客观事实"的程度不同。

《刑事诉讼法》第五十一条规定:"公诉案件中被告人有罪的举证责任由人民检察院承担,自诉案件中被告人有罪的举证责任由自诉人承担。"一个案件要进入刑事诉讼程序,首先必须经侦查机关立案侦查,在侦查终结并达到"犯罪事实清楚,证据确实、充分"后移交人民检察院审查起诉。因此在刑事诉讼中,证据的收集主要是在侦查阶段,由侦查机关基于刑事诉讼法等相关法律赋予的诸多权力,依托公权力机关强大的后盾,采取诸如限制财产权、人身权等强制措施开展侦查活动,收集调取证据。《民事诉讼法》第六十四条规定:"当事人对自己提出的主张,有责任提供证据。当事人及其诉讼代理人因客观原因不能自行收集的证据,或者人民法院认为审理案件需要的证据,人民法院应当调查收集。"根据该规定,民事诉讼中采取"谁主张,谁举证"原则,即主要依靠当事人双方自行收集证据,在少数情况下可以申请法院调取证据。相比刑事诉讼,民事诉讼的证据收集主体既没有法律赋予的调查权利,也缺乏强大的人力、物力和财力支撑,当事人自行收集证据的难度很大,效果也远不如公权力机关的调查取证。

《刑事诉讼法》第二百条规定:"案件事实清楚,证据确实、充分,依据法律认定被告人有罪的,应当作出有罪判决。"而"证据确实、充分",应当满足《刑事诉讼法》第五十五条规定的"(一)定罪量刑的事实都有证据证明;(二)据以定案的证据均经法定程序查证属实;(三)综合全案证据,对所认定事实已排除合理怀疑"。对证据的审查应当结合案件的具体情况,从各证据与待证事实的关联程度、各证据之间的联系等方面进行审查判断。只有犯罪嫌疑人供述,没有其他证据的,不能认定案件事实;没有犯罪嫌疑人供述,证据确实、充分的,可以认定案件事实。根据《刑事诉讼法》及相关规定,通说认为我国刑事诉讼的证明标准为"排除合理怀疑"。而通说认为我国民事诉讼采取"高度盖然性"的证明标准,双方当事人对同一事实分别举出相反的证据,但都没有足够的依据否定对方证据的,法院应当结合案件情况,判断哪方提供的证据的证明力较大,并对证明力较大的证据予以确认。由此可见,刑事诉讼中的证明标准远高于民事诉讼。

"套路贷"犯罪实为披着合法的民间借贷的外衣,利用民事借贷的证据规则进行精心谋划的犯罪。目前在司法实践中,即使被害人向公安机关报案,但在警方没有深入调查之前,一般被认为属于民事经济纠纷进而不予立案,导致该类犯罪缺乏相应的制裁措施,有关犯罪数量近几年也呈现大幅增长趋势。在"套路贷"案件中,同样的客观事实,由于刑事诉讼程序与民事诉讼程序中认定"法律事实"的标准差异,会产生截然不同的案件处理结果。在民事诉讼中,由于出借方通常有借款合同以及银行流水等完整的证据链,而借款人无法举证反驳,法院因此会认定出借方主张的债权成立,借款人需要承担巨额的债务。而在刑事诉讼程序中,侦查机关经过对出借方的讯问等侦查取证后,进而认定是否为"套路贷"犯罪行为。"套路贷"犯罪不仅扰乱金融秩序,而且出借方在此过程中采取的威胁、暴力等手段严重扰乱了社会治安秩序;同时,"套路贷"犯罪行为人通常利用虚假的事实提起民事诉讼以获得所谓的借款,这严重损害了司法的公信力,具有严重的社会危害性。

(三)"套路贷"案件中可能涉及的具体罪名

首先要明确的是,"套路贷"并非是法律上的具体罪名,而是一系列具体犯罪的总称,其中可能涉及诈骗罪、敲诈勒索罪、非法拘禁罪、绑架罪、虚假诉讼罪、故意伤害罪、寻衅滋事罪等多项罪名。下面选取"套路贷"案件中最常出现的几种犯罪进行讲解。

《刑法》第二百六十六条规定的诈骗罪是以非法占有为目的,骗取公私财物数额较大的行为。考察一个行为是否构成诈骗罪,一般要看其是否满足以下基本构造:行为人虚构事实、隐瞒真相,致使被害人产生错误认识,被害人基于错误认识处分财物,行为人财产增加,被害人财产减少。"套路贷"案件中最主要涉及的罪名就是诈骗罪。最高人民法院、最高人民检察院、公安部、司法部印发的《关于办理"套路贷"刑事案件若干问题的意见》中的第4点规定:"实施'套路贷'过程中,未采用明显的暴力或者威胁手段,其行为特征从整体上表现为以非法占有为目的,通过虚构事实、隐瞒真相骗取被害人财物的,一般以诈骗罪定罪处罚。"在"套路贷"案件中,犯罪嫌疑人编造"行规""砍头息""服务费""手续费"等名目,非法减少支付给被害人的借款;诱使被害人签订"空白合同",在被害人签订合同时向其隐瞒关键信息,之后按照犯罪嫌疑人的单方意思自行添加;在合同中虚构远高于实际的借款金额,并假意承诺如果被害人按时还款则不需要偿还虚增部分借款;隐瞒高额违约金的内容,在借款时只告诉被害人月息多少,却并不告诉被害人如果没能按时还款将如何计算违约金,被害人未能按时还款付息时将会被收取高额的日息;隐瞒利息计算周期,被害人在签订借款合同被告知的利息计算周期往往较为模糊,在被害人按照自己理解的付息日期转款时却被告知已经违约。以上行为其本质都是犯罪嫌疑人在虚构事实、隐瞒真相,使被害人陷入"这只是普通的民间借贷行为"的错误认识,进而自愿签订借款合同,犯罪嫌疑人获得了远远超过借款本金的被害人财物。这一系列行为满足诈骗罪的基本构造,诈骗罪成立。

《刑法》第二百七十四条规定的敲诈勒索罪是以非法占有为目的,敲诈勒索公私财物数额较大的行为或多次敲诈勒索的犯罪行为。考察一个行为是否构成敲诈勒索罪,一般要看其是否满足以下基本构造:行为人实施威胁、恐吓等行为,致使被害人产生恐惧心理,被害人基于恐惧心理处分财物,行为人财产增加,被害人财产减少。在"套路贷"案件中,犯罪嫌疑人在催债的过程中,往往会以被害人及其亲属的人身安全相威胁,要求被害人给付与债务无关的各种费用,诸如"过节费""加班费";在还款阶段,犯罪嫌疑人往往会要挟被害人给付超出本金及利息的钱款。以上行为的本质都是犯罪嫌疑人采取威胁、恐吓等行为,致使被害人产生恐惧心理,被害人在担忧自己或亲属人身安全的情况下不得已支付远远超过当初约定的合同金额。这一系列的行为满足敲诈勒索罪的基本构造,敲诈勒索罪成立。

《刑法》第二百三十八条规定的非法拘禁罪是指非法拘禁他人或者以其他方法非法剥夺他人人身自由的犯罪行为。非法拘禁罪保护的客体是他人的人身自由权。根据最高人民法院《关于对为索取法律不予保护的债务非法拘禁他人行为如何定罪问题的解释》规定:"行为人为索取高利贷、赌债等法律不予保护的债务,非法扣押、拘禁他人的,依照刑法第二百三十八条的规定定罪处罚。"在"套路贷"犯罪中,犯罪嫌疑人往往会以协商还款为由,将被害人约至宾馆房间、仓库库房等地,然后限制被害人人身自由,并对其进行殴打、恐吓、侮辱,要求被害人还款或者以"转单平账"的方式进一步垒高债务。犯罪嫌疑人主观上出于故意,客观上实施了非法拘禁他人或以其他非法手段限制他人人身自由的行为,构成非法拘禁罪。但需要注意的是,非法拘禁并不是只要有拘禁行为就构成犯罪,情节显著轻微的,将不被认定为犯罪。

《刑法》第三百零七条之一规定的虚假诉讼罪是指以捏造的事实提起民事诉讼,妨害司法秩序或者严重侵害他人合法权益的行为。根据最高人民法院、最高人民检察院《关于办理虚假诉讼刑事案件适用法律若干问题的解释》,关于"以捏造的事实提起民事诉讼"的行为包括采取伪造证据、虚假陈述等手段单方捏造合同的行为,以及隐瞒债务已经全部清偿的事实,向人民法院提起民事诉讼,要求他人履行债务的行为。在"套路贷"犯罪中,犯罪嫌疑人利用民事证据规则进行精心设计,形成虚高的债权证明以及相对应的银行流水,而被害人往往难以提出证据反驳,法院往往依照双方提供的证据判决被害人支付相应的借款。犯罪嫌疑人通过伪造证据、虚假陈述向法院提起民事诉讼,通过法院的判决侵吞被害人财物,严重损害了被害人的合法权益,符合虚假诉讼罪的构成要件。但《刑法》第三百零七条之一第三款规定:"有第一款行为,非法占有他人财产或者逃避合法债务,又构成其他犯罪的,依照处罚较重的规定定罪从重处罚。"因此,在"套路贷"犯罪中,犯罪嫌疑人通过虚假诉讼,非法占有他人财产的,不认定为虚假诉讼罪,而应以处罚较重的诈骗罪定罪从重处罚。

《刑法》第二百三十四条规定的故意伤害罪是指故意伤害他人身体的行为。故意伤害罪保护的客体是公民的人身权利。在"套路贷"犯罪中,故意伤害行为往往发生在讨债阶段,在这个阶段犯罪嫌疑人使用暴力手段向借款人或其亲属进行讨债,如果该暴力行为造成了轻伤以上的结果,则符合故意伤害罪的构成要件,故意伤害罪成立。

(四)"套路贷"案件中虚假诉讼的认定与处理

"套路贷"案件往往伴随有虚假诉讼。虚假诉讼是指当事人出于谋取非法利益的动机,虚构事实、隐瞒真相,提起民事诉讼,借用合法的民事诉讼程序,侵害国家利益、社会公共利益或者案外人的合法权益的行为。在认定是否存在虚假诉讼时一般需要考虑以下几个要素:(1)以规避法律、法规或国家政策,谋取非法利益为目的;(2)双方当事人存在恶意串通;(3)虚构事实;(4)借用合法的民事诉讼程序;(5)侵害国家利益、社会公共利益或者案外人的合法权益。

为了在司法实践中更好地认定和处理虚假诉讼案件,最高人民法院和最高人民检察院联合发布了《关于办理虚假诉讼刑事案件适用法律若干问题的解释》。该解释第一条规定:"采取伪造证据、虚假陈述等手段,实施下列行为之一,捏造民事法律关系,虚构民事纠纷,向人民法院提起民事诉讼的,应当认定为刑法第三百零七条之一第一款❶规定的'以捏造的事实提起民事诉

---

❶ 《刑法》第三百零七条第一款规定:"以捏造的事实提起民事诉讼,妨害司法秩序或者严重侵害他人合法权益的,处三年以下有期徒刑、拘役或者管制,并处或者单处罚金;情节严重的,处三年以上七年以下有期徒刑,并处罚金。"

讼'：（一）与夫妻一方恶意串通，捏造夫妻共同债务的；（二）与他人恶意串通，捏造债权债务关系和以物抵债协议的；（三）与公司、企业的法定代表人、董事、监事、经理或者其他管理人员恶意串通，捏造公司、企业债务或者担保义务的；（四）捏造知识产权侵权关系或者不正当竞争关系的；（五）在破产案件审理过程中申报捏造的债权的；（六）与被执行人恶意串通，捏造债权或者对查封、扣押、冻结财产的优先权、担保物权的；（七）单方或者与他人恶意串通，捏造身份、合同、侵权、继承等民事法律关系的其他行为。隐瞒债务已经全部清偿的事实，向人民法院提起民事诉讼，要求他人履行债务的，以'以捏造的事实提起民事诉讼'论。"

根据《民事诉讼法》第一百一十二条的规定，当事人之间恶意串通，企图通过诉讼、调解等方式侵害他人合法权益的，人民法院有权驳回其诉讼请求，并根据情节轻重予以罚款、拘留；构成犯罪的，依法追究刑事责任。同时，还可以通过对案件自行启动再审、执行异议之诉以及第三人撤销之诉程序来对虚假诉讼进行规制。

人民检察院对虚假诉讼案件的检察监督主要是通过抗诉启动再审程序以及检察建议进行的。为了保证人民检察院正确履行法律监督职能，《民事诉讼法》第二百一十条还赋予了人民检察院调查权，即人民检察院因履行法律监督职责提出检察建议或者抗诉的需要，可以向当事人或者案外人调查核实有关情况。目前在司法实践中，人民检察院也主要是通过抗诉启动再审程序对虚假诉讼进行规制的。

（五）"套路贷"案件中刑民交叉案件的处理

"套路贷"案件往往涉及刑民交叉，正确界定刑事、民事的边界及范围，对于认定处理"套路贷"案件具有重要意义。关于刑民交叉案件的处理，最为详细的早期规定为1998年发布并施行的最高人民法院《关于在审理经济纠纷案件中涉及经济犯罪嫌疑若干问题的规定》第十二条，该条规定："人民法院已立案审理的经济纠纷案件，公安机关或检察机关认为有经济犯罪嫌疑，并说明理由附有关材料函告受理该案的人民法院的，有关人民法院应当认真审查。经过审查，认为确有经济犯罪嫌疑的，应当将案件移送公安机关或检察机关，并书面通知当事人，退还案件受理费。"我国《民事诉讼法》第一百五十条规定："有下列情形之一的，中止诉讼：……（五）本案必须以另一案的审理结果为依据，而另一案尚未审结的……"，以及《刑事诉讼法》第一百零一条规定的刑事附带民事诉讼程序，即被害人由于被告人的犯罪行为而遭受物质损失的，在刑事诉讼过程中，有权提起附带民事诉讼。这些规定以及我国自古以来的"重刑轻民"思想，导致目前在司法实践中出现刑民交叉案件时通常采用"先刑后民"的程序原则。

2018年发布的最高人民法院《关于审理民事纠纷案件中涉及刑事犯罪若干程序问题的处理意见》（见附录）更为明确和详细地指出了刑民交叉案件的处理程序。

三、教学预期效果

通过本教学案例的课堂教学，让学生能够更好地识别和区分普通民间借贷行为和"套路贷"犯罪行为，了解刑事诉讼程序和民事诉讼程序在证据收集、证明责任、证明标准等方面的不同，熟悉"套路贷"案件中可能涉及的具体罪名，掌握"套路贷"案件中虚假诉讼的认定以及刑民交叉案件的处理，初步掌握处理"套路贷"这种复杂案件类型的知识技能。

四、教学课时安排

本案例可以作为专门的案例教学课来进行，整个案例教学课的课堂安排为6个课时，每课时45分钟。

五、课堂教学计划

1. 课前计划

安排学生阅读案例及相关补充资料，对案例所涉及问题进行思考，撰写思考题和实践题答案。

2. 课中计划

（1）介绍教学目的，明确讨论主题；

（2）分组讨论、回答各项思考题，讨论实践题的撰写要点；

（3）小组代表提出撰写要点，学生讨论和分析；

（4）教师归纳总结。

3. 课后计划

让学生进一步思考"套路贷"犯罪的认定与处理、虚假诉讼的认定与处理，以及刑民交叉案件的处理。

六、思考题和实践题

1. 思考题

（1）分析总结"套路贷"案件的常见"套路"。

（2）"套路贷"案件的刑事诉讼与民事诉讼程序。

（3）"套路贷"案件中涉虚假诉讼罪的犯罪构成。

（4）"刑民交叉"的含义。

（5）"套路贷"案件中涉非法经营罪的犯罪构成。

（6）"套路贷"案件中如何认定主、从犯，以及相对应的刑罚。

（7）"套路贷"案件中涉非法拘禁罪、故意伤害罪、绑架罪的犯罪构成。

（8）"套路贷"案件中可能涉伪证罪，妨害作证罪，辩护人、诉讼代理人毁灭证据、伪造证据、妨害作证罪，这三种罪应如何区分。

（9）律师在执业中应如何遵守律师执业规范？

2. 实践题

（1）如果你是本案的侦查人员，在侦查阶段应重点收集哪方面的证据？

（2）如果你是本案的公诉机关，在审查起诉阶段应重点审查哪些内容？

（3）本案中，陈某某的行为构成哪些罪名？说明理由。

（4）请结合本案案情，为侦查机关写一份起诉意见书。

（5）请结合本案案情，为公诉机关写一份起诉书。

（6）请结合本案案情，为陈某某撰写一份辩护意见书。

七、延伸阅读

（1）孟祥金："'套路贷'行为模式及其司法认定"，载《安徽大学学报（哲学社会科学版）》2019 年第 5 期。

（2）吴加明："刑事实质何以刺破'套路贷'民事外观之面纱"，载《江西社会科学》2019 年第 5 期。

（3）熊跃敏、梁喆旎："虚假诉讼的识别与规制——以裁判文书为中心的考察"，载《国家检察官学院学报》2018 年第 3 期。

（4）田海鑫："论民事虚假诉讼的类型化体现及规制——基于北京市司法实践的考察"，载《法律适用》2018 第 23 期。

（5）龙宗智："刑民交叉案件中的事实认定与证据使用"，载《法学研究》2018 年第 6 期。

（6）张卫平："民刑交叉诉讼关系处理的规则与法理"，载《法学研究》2018 年第 3 期。

附 录

最高人民法院《关于审理民事纠纷案件中涉及刑事犯罪若干程序问题的处理意见》

民事案件审理中,法院发现案件的全部或部分事实涉嫌刑事犯罪,或者案件所涉的犯罪事实已经法院刑事判决,由于实践中具体运用的标准不统一,致使当事人的民事诉讼权利得不到应有的保护。为此,对有关问题提出以下处理意见:

一、正在审理的民事案件,人民法院发现案件的全部或部分事实涉嫌刑事犯罪

1. 根据最高人民法院《关于审理经济合同纠纷案件中涉及经济犯罪嫌疑若干问题的规定》第十条的规定,法院应将犯罪嫌疑线索、材料移送有关公安机关或检察机关查处。但根据民事法律规范判断,当事人之间构成民事法律关系,且不影响民事案件审理的,民事案件可继续审理。

2. 审理中发现涉嫌犯罪,且该刑事犯罪嫌疑案件确认的事实将直接影响民事纠纷案件的性质、效力、责任承担的,依照《中华人民共和国民事诉讼法》第一百三十六条第一款第(五)项的规定,法院应裁定中止审理,将犯罪线索移送有关公安机关或检察机关,等待刑事程序终结后再恢复审理。

3. 审理中发现涉嫌犯罪,且不构成民事责任承担的,例如发现案外人涉嫌盗用、私刻单位公章从事诈骗的行为,作为民事被告的单位没有过错,不应当承担民事责任的,即合同当事人之间不存在民事法律关系的,法院应全案移送。

全案移送的案件,根据最高人民法院《关于在审理经济纠纷案件中涉及经济犯罪嫌疑若干问题的规定》,应采用以下移送方式处理:

1) 人民法院认为案件有犯罪嫌疑但不属于民事纠纷的,根据最高人民法

院《关于在审理经济纠纷案件中涉及经济犯罪嫌疑若干问题的规定》第十一条的规定，应当裁定驳回起诉，并将有关材料移送公安机关或检察机关。

2）在审理过程中，公安机关或检察机关认为有经济犯罪嫌疑，并说明理由附有关材料函告法院，法院经审查认为确有犯罪嫌疑的，根据最高人民法院《关于在审理经济纠纷案件中涉及经济犯罪嫌疑若干问题的规定》第十二条的规定，应当将案件移送公安机关或检察机关，并书面通知当事人，退还案件受理费。

对已全案移送公安机关或检察机关的案件，在上述机关侦查期间，当事人又以相同事由向法院起诉的，法院应当裁定不予受理或驳回起诉。

二、正在审理的民事案件，人民法院发现案件所涉及的部分或全部事实已经生效刑事判决确认

1. 刑事责任的承担主体与民事责任的承担主体完全竞合，且刑事判决对财产处理已涵盖了民事责任范畴（例如行为人的行为涉及刑事犯罪，同时也构成民事责任，在刑事判决中已作出返还被害人合法财产或责令退赔被害人经济损失的判决），被害人又对此提起民事诉讼的，根据沪高法（2006）245号《上海法院关于刑事判决中财产刑及财产部分执行的若干意见（试行）》的有关规定，刑事判决中财产部分的执行，由有管辖权的人民法院执行机构负责。

由于刑事部分的裁决具有执行上的法律效力，且刑事判决中的返还责任主体与民事案件的责任主体完全竞合，不涉及其他责任主体，故在刑事诉讼已作出的财产处理与民事诉讼请求赔偿范围一致的情况下，被害人在已获公力救济的情况下，再行就同一事实提起民事诉讼，法院应裁定不予受理或裁定驳回起诉。

2. 刑事责任的承担主体与民事责任的承担主体虽然竞合，但刑事判决对涉及的财产部分未作处理，或只作部分处理，受害人通过民事诉讼寻求救济，要求刑事责任主体返还财产或对追赃不足部分承担赔偿责任的，根据最高人民法院《关于审理经济合同纠纷案件中涉及经济犯罪嫌疑若干问题的规定》

第八条的规定，有管辖权的法院应当继续审理。

3. 刑事判决对财产部分虽作出追赃或退赔处理，但刑事责任主体与民事责任主体不相竞合，被害人提起民事诉讼的，应该根据民事法律规范进行判断。如果当事人之间构成民事法律关系，除了刑事责任主体承担责任外，单位或其他人仍应承担民事责任，民事案件应当继续审理。例如行为人采用欺诈手段与被害人订立合同，个人构成诈骗罪，但单位如果对合同的相对人即被害人构成表见代理，或者单位有过错的，单位应承担合同责任或过错赔偿责任。合同相对人提起民事诉讼，虽属同一法律事实，但因引发不同的责任，民事案件应当继续审理。

# 潘某某与 S 房地产开发有限公司书证鉴定意见质证案

潘某某与S房地产开发有限公司书证鉴定意见质证案

——鉴定人、专家辅助人同庭质证程序

（民事诉讼实务）

教学案例概览

摘　要：本教学案例以一起真实的民事诉讼案例为蓝本，围绕涉案书证的真实性判断推进诉讼程序，让学生熟悉和了解有关书证和其他实物证据的鉴真规则，以及由此衍生出的司法鉴定方式的证明方法，书证真实性证明所基于的系统鉴定原则，书证常见的伪造变造手法，申请鉴定人、专家辅助人出庭的法律程序，针对鉴定意见的庭审质证程序与询问规则，法官对鉴定意见的审查与认定规则，法官对补充鉴定或重新鉴定的程序性裁判，裁判说理制度，并通过模拟庭审获取上述法律知识并完成实务经验积累。本教学案例不仅适用于民事诉讼，其基本原理以及教学附件内容同样适用于刑事诉讼、行政诉讼领域，对法官、检察官、律师、鉴定人、专家辅助人、法律专业学生了解鉴定意见质证均有重要的理论价值和实践意义。

关键词：书证；司法鉴定；鉴定意见质证；鉴定人；专家辅助人；有专门知识的人

[教学案例正文]

一、案件相关背景

书证作为诉讼证据的重要类别,在民事诉讼中频繁出现,在不少案件中甚至是唯一的关键性证据,因此,判断书证的真实性也就成为查明案件事实的首要前提。书证的真实性判断涉及专门性技术知识,如笔迹书写人、印文的真伪、文件的形成时间、文件是否存在伪造变造等,因此文书鉴定成为司法鉴定的重要方面。

而随着办公自动化技术日新月异的发展,手写文书一枝独秀的局面日渐式微,电子打印文书逐渐成为书证新类型。电子打印文书涉及不同种类打印机、不同墨水、软件、字库以及具体打印技术等复杂、深奥的技术领域,这对传统文检人员的知识结构提出了挑战,也为鉴定意见的潜在错误埋下了伏笔,同样,也为系统掌握文书鉴定知识的某些专家辅助人针对鉴定意见错误或不利鉴定意见提供了同庭对抗鉴定人的机会,这些对于推动庭审实质化、尽可能查明案件事实真相,无疑具有积极价值。

本教学案例即聚焦一起诉讼案件中的打印文书形式的书证,旨在说明该书证是由纸张、打印字迹、笔迹、墨水、印文、朱墨时序关系、形成时间、污损变化、伪造变造等多种要素构成,这些要素相互关联,共同发挥作用,以证明案件待证事实。对书证真实性的判断,切不可一叶障目、不见泰山,而应聚焦于书证真实性证明这一司法证明目标,从书证的多个构成要素入手,综合全面地进行系统检验,庭审中也应系统地审查鉴定意见的科学可靠性、证明力,以及鉴定意见与待证事实之间的相关性。在此过程中,要充分发挥鉴定人、专家辅助人出庭作证制度的诉讼功能,以实现兼听则明的对抗式质证效果。

二、基本案情介绍

(一) 案由、证据及诉讼主张

在潘某某诉S房地产开发有限公司合同纠纷一案中,潘某某诉称:1993年8月5日,潘某某在S房地产开发有限公司任职期间,S房地产开发有限公司与A省贫困地区农业贸易实业公司签订《联合兴建住宅合作协议书》,双方约定由A省贫困地区农业贸易实业公司负责提供土地,S房地产开发有限公司负责提供建楼全部资金。S房地产开发有限公司与A省贫困地区农业贸易实业公司因合作建住宅楼项目发生纠纷。1995年S房地产开发有限公司"全权委托"潘某某负责处理S房地产开发有限公司与A省贫困地区农业贸易实业公司合作兴建住宅项目的土地纠纷及项目建设事宜,其间所有费用都由潘某某垫付。2008年3月20日,S房地产开发有限公司向潘某某出具《欠款确认书》。2008年4月7日,S房地产开发有限公司向潘某某出具《抵押还款函》。2008年5月13日,S房地产开发有限公司向潘某某出具《承诺书》。

2015年7月8日,潘某某以S房地产开发有限公司拖欠某欠款为由,将S房地产开发有限公司告上法庭,要求C区人民法院判令S房地产开发有限公司向其支付欠款795 366元及相应利息,并承担本案诉讼费用,同时向法院提交了前述三份书证,即加盖有"S房地产开发有限公司"鲜章印文的《欠款确认书》《抵押还款函》《承诺书》打印件。

(二) 诉讼争点及司法鉴定情况

一审审理过程中,S房地产开发有限公司对潘某某提交的三份书证的真实性提出异议,认为系伪造形成,因此向法院提出鉴定申请,要求就以下事项进行司法鉴定:(1) 上述三份书证落款位置处"S房地产开发有限公司"印文是否为该公司印章盖印形成;(2) 上述三份书证落款位置处"S房地产开发有限公司"印文与同部位打印字迹形成的先后顺序。主审法官认为,上述三份书证系本案核心证据,其真实性判断涉及专门性技术问题,对查明案件事实具有十分重要的作用,因此同意启动司法鉴定程序。经诉讼双方协商,C

区人民法院报经 B 市中级人民法院同意，由 B 市中级人民法院向 D 司法鉴定中心递交了《司法鉴定委托书》。

D 司法鉴定中心受理 B 市中级人民法院的司法鉴定委托，并于 30 个工作日内出具了鉴定报告，其鉴定意见为：（1）上述三份书证落款位置处 "S 房地产开发有限公司" 印文是该公司印章盖印形成；（2）上述三份书证落款位置处 "S 房地产开发有限公司" 印文均形成于落款部位打印字迹之后。（见附录 1）

S 房地产开发有限公司对 D 司法鉴定机构的鉴定意见有异议，要求法院依法通知该案鉴定人出庭作证，同时向法院申请西南政法大学司法鉴定中心专家 W 作为其聘请的专家辅助人出庭，协助本公司及本公司代理律师向鉴定人发问。法院准许 S 房地产开发有限公司要求鉴定人及专家辅助人出庭质证的申请，同时要求其提交专家辅助人的书面质证意见概要。

为此，S 房地产开发有限公司代理律师向法院进一步提出申请，要求在诉讼双方在场的情况下，准许专家辅助人携带检验设备到法院对三份书证材料原件进行现场无损检验，以保障专家辅助人质证意见的客观可靠性。主审法官依职权决定予以准许。

2016 年 7 月 6 日，在诉讼双方及法官的见证下，S 房地产开发有限公司聘请的专家辅助人 W 携带图像扫描设备、显微照相设备对涉案的三份书证材料原件进行了图像扫描，并进行了显微观察检验及照相固定。2016 年 7 月 20 日，专家辅助人向法庭提交了鉴定意见质证概要，认为三份书证都是变造的，其主要依据是正文与落款文字不是同机一次性打印形成，正文字迹是在落款字迹、印文之后二次添加打印上去的，是典型的变造文书。

二次添加打印变造的相关检验依据如下：

（1）检材 1 正文为喷墨打印机打印，落款为激光打印机打印（见附录 2 之 "图片说明 1"）。

（2）检材 2 正文打印字迹与落款打印字迹的文字行不平行，出现明显倾斜（见附录 2 之 "图片说明 2"）。

（3）检材 3 正文为激光打印机打印，而落款为喷墨打印机打印；检材 3 正文打印字迹与落款打印字迹的文字行不平行，出现明显倾斜（见附录 2 之

"图片说明3""图片说明4")。

(三)鉴定意见质证及裁判情况

2016年8月8日,法院组织鉴定人、专家辅助人、原被告双方及其代理律师就鉴定意见进行公开庭审质证。

鉴定人在庭审作证中坚称严格遵守了委托方的鉴定要求,鉴定意见本身是客观科学的,其潜在的推论是三份书证都是真实的,但庭审中鉴定人并未直接作出"三份书证是真实的"表述,而是将这一"皮球"踢给了法官,表示只愿意回答鉴定委托事项范围内的问题,不就书证真实性发表意见,这属于法官的专属职权范畴。

专家辅助人认为,就鉴定意见与鉴定委托事项的对应关系而言,鉴定意见本身并无错误;但专家辅助人还认为,现有鉴定委托事项以及鉴定意见并未直接服务于三份书证是否真实这一司法证明目的,具体而言,鉴定人并未遵守《SF/Z JD0201001—2010文书鉴定通用规范》的要求对书证各构成要素进行系统检验,如未对书证材料上印文、落款打印字迹、正文打印字迹等构成要素进行综合分析,未采用各种检验手段分析文书构成要素与案件争议事实间的关系以尽可能地鉴别书证的真伪。鉴定人的疏忽与经验欠缺是导致鉴定意见证明力低下、鉴定意见与案件待证事实之间缺乏相关性的内在原因,这种相关性、证明力缺失的鉴定意见极易误导法官,使得法官错误地认为只要印章真实、落款部位先打印后盖章的顺序正常就意味着书证整体真实可靠,这是极大的陷阱。专家辅助人基于对书证材料的复检,通过直观经验及对显微观察结果的分析,即可发现三份书证的正文与落款部位打印字迹均不是同机一次性打印形成,其正文字迹均为二次添加打印形成,这充分说明三份书证都是利用事先打印好单位名称字迹、日期字迹并加盖"S房地产开发有限公司"印文的纸张,事后基于不法目的而在纸张空白位置处二次添加打印正文字迹内容,从而达到文书变造目的,这充分说明了三份书证的虚假性。庭审中专家辅助人运用多媒体设备展示各种检验图片以支持其质证意见,同时接受了原被告双方及法官的询问,也与鉴定人当庭进行了面对面的对质询问。

在鉴定人、专家辅助人出庭作证完毕之后,S房地产开发有限公司代理律师在总结陈词中要求法官排除本案中不具证明力与相关性的鉴定意见,采用专家辅助人质证意见,或者启动补充鉴定程序,进一步鉴定三份书证正文字迹与落款字迹是否为同机一次性连续打印形成,以准确查明案件事实真相。

法院未当庭裁决。

教学指导手册

一、教学具体目标

本教学案例的教学具体目标在于让学生着重学习和掌握以下知识技能:(1)书证的鉴真规则与司法证明方法;(2)书证常见的伪造变造手法以及二次添加打印变造文书的检验要点;(3)鉴定人、专家辅助人出庭作证申请、决定程序;(4)鉴定人、专家辅助人同时出庭情形下的庭审质证程序与询问规则;(5)对鉴定意见的审查与认定;(6)庭审质证结束后法官对补充鉴定、重新鉴定的程序性裁判;(7)裁判说理制度;(8)模拟庭审。

二、教学内容

1. 书证的鉴真规则与司法证明方法

书证是以文书内容证明案件事实的证据材料。书证得以成为定案根据,源于书证的真实性,书证的真实性判断也就成为证据调查的核心问题。

判定书证或其他实物证据真实性的证据规则,也称为鉴真规则。[1]《证据规定》第七十七条规定了国家机关、社会团体依职权制作的公文书以及经公证、登记的书证具有较高的真实性与证明力,而对于诉讼当事人自己提交的非公文书形式的书证,其真实性往往难以判定,通常需要通过司法鉴定程序提供专家的判断意见。

判断书证的真实性,这是庭审证据调查首先需要解决的问题,也是司法

---

[1] 陈瑞华:"实物证据的鉴真问题",载《法学研究》2011年第5期。

证明的核心目标。书证真实性的司法证明方法，有时只需求诸经验、常识即可判断，如一张落款时间为1993年并加盖有某公司印文的《对账单》，声称该单位欠原告100万元，该对账单书写于一张印刷有单位名称、地址（位于重庆）、电话等信息的稿纸上，被告发现稿纸上印刷的固定电话区号为023，而重庆是在1997年电话区号才由0811变为023，这充分说明《对账单》不是在1993年形成，同时也充分说明了该材料的虚假性。但书证真实性的司法证明更多时候还是需要求诸司法鉴定，由司法鉴定人进行专业判断。

对书证进行司法鉴定，必须紧扣书证的构成要素，从多个角度对文件进行系统鉴定，以鉴别书证的真伪。书证的构成要素一般包括：文件的形式、内容、言语、笔迹、材料、书写工具、印迹、污损、防伪及其他痕迹等。这些构成要素又与案件事实有关的其他外部要素密切联系起来，如与案件有关的人、物、事、时间、地点、方法、物质条件等，因此书证自身的构成要素与案件争议事实之间存在关联，二者关联的有无、关联的强弱即成为司法证明的核心内容，也是查明案件争议事实的基本手段。

对书证进行司法鉴定必须遵守系统鉴定的原则，充分、全面探究书证各种构成要素与书证真实性这一司法证明目标之间的逻辑联系，从而查明案件争议事实。具体而言，要从具体案件出发，把书证作为与案件事实相互联系的有机整体，通过将书证构成要素和与案件事实有关的其他要素结合起来进行综合分析，采用各种检验手段，综合判断书证构成要素之间以及与案件待证事实有关的其他要素在时间和空间上的分布规律或相互关系，从而鉴别书证的真伪。

以本案为例，不能仅以印文真实、落款部位先打印后盖章即认定书证真实，而应结合正文打印字迹与落款打印字迹的时序关系、印文盖印时间与落款时间是否相符等其他要素，从多个角度对书证进行检验，以准确地判明其真实与否，否则极易影响案件事实真相的揭示。同样，当一份文件上加盖的印章真实、朱墨时序关系正常而印文形成时间检验难以有效实施时，基于系统鉴定原则及真实性司法证明目标，何不以该文件是否显示出历时性损伤特点来推断书证的实际形成时间，进而判明书证真伪。

2. 书证常见的伪造变造手法以及二次添加打印变造文书的检验要点

（1）书证常见的伪造变造手法。

诉讼活动中一方当事人提交的书证，未必一定真实，必须受鉴真规则与辨认规则的检验。虚假的书证，除了采用纯粹的整体伪造手法（如伪造雕刻一枚对方单位公章，打印机打印纸质钞票、火车票等票据），更多情况下采用变造手法，即"半真半假"的伪造方式，如本案中利用事先打印好落款单位名称、日期字迹并盖好公章的纸质材料，事后基于非法目的而在该纸质材料的空白部位添加打印正文字迹内容，以实现书证的变造目的。此案中落款印文是真的，甚至可能将落款日期就打印为盖印章的实际日期，即印文的形成时间也是真的，但二次添加打印的正文内容却是虚假的，即正文内容系变造形成。

因此，简要归纳，书证的变造是指变造者为了达到某种非法目的，采用擦刮、消退、添写、改写、涂污、挖补、拼接、裁切、换页等一种或多种手法，将真实文书的部分内容加以改变而制成局部虚假的文书，上述多种手段统称"变造"。

（2）二次添加打印变造文书的检验要点。❶

就本案中的三份书证，认定系二次添加打印变造形成，通常有以下几方面依据，或者说应从以下几方面检验入手：真实文字与争议文字的行字迹出现相对倾斜；行距可能存在差异；左右页边距可能存在差异；打印机种类或个体特征可能存在差异；墨迹色料种类可能存在差异。在具体的案例中，可能出现其一，也可能组合出现。

之所以出现上述差异，源自二次添加打印的手法与第一次打印不同，因此文书上的痕迹特征表现也不相同。一种特征表现为二次添加打印的共性特征（倾斜度、行距、左右页边距差异），其原理是：二次添加打印必然伴随着

---

❶ 参见王跃、张海辉、王勇："添加打印文书检验方法新探"，载《中国司法鉴定》2008 年第 2 期；王跃："打印变造文书的检验流程及要旨"，载《中国司法鉴定》2012 年第 2 期；王跃、张世群："静电打印/复印文书的周期性转印痕迹研究"，载《中国司法鉴定》2016 年第 4 期；喻彦林、易旻、王跃："一例易被误判的排版打印特征检验"，载《中国司法鉴定》2011 年第 4 期。

二次进纸动作，而由于打印机进纸、走纸机构故障导致的走纸打滑、机械失效等因素，以及纸张在纸盒中摆放的前后、左右位置和是否摆放歪斜等因素的影响，必然造成二次添加打印的文字内容不可避免地出现行字迹横轴线倾斜差异（系走纸歪斜造成）、行距差异（系打印机部件故障阻碍走纸或纸张前后位置摆放误差造成）、左右页边距差异（由于纸张摆放位置偏移或者左右位置误差造成）。另一种特征表现为受打印机种类不同、非同一台打印机、打印机墨水介质（也包括墨粉、色料、色带等）差异的影响，添加打印文字内容与其他真实文字内容不是同种类打印机打印形成，或者不是同一台打印机打印形成，或者虽为同种类打印机打印但墨水色料等存在差异。

对二次添加打印的认定，应结合上述共性特征以及打印机具的种属特征、个体特征、墨水色料特征进行综合检验。

3. 鉴定人、专家辅助人出庭作证的申请、决定程序

从法理上讲，申请鉴定人、专家辅助人出庭，通常被视为诉讼当事人的一项基本诉讼权利，是实现公正审判与庭审实质化的基本要求。然而，现行法律并未明确将申请鉴定人、专家辅助人出庭规定为当事人的基本诉讼权利，实践中当事人仅享有申请权，法院享有决定权。也就是说，鉴定人、专家辅助人是否应当出庭，取决于法官的自由裁量，其裁量依据在于是否有出庭的必要性。不仅如此，法官对出庭必要性的审查程度还存在刑民之别，通常在刑事诉讼中审查更为严格（即当事人提出申请，并且人民法院认为有必要），❶ 但在民事诉讼中较为宽松（即当事人提出申请，或者人民法院认为有必要）。❷

在以下情形中，当事人可以申请鉴定人出庭，人民法院也可以依职权决定传唤鉴定人出庭作证：（1）鉴定意见明显存在疑点的；（2）鉴定文书阐释不清或存在明显矛盾的；（3）鉴定意见与其他证据材料相反或存在严重分歧的；（4）存在补充鉴定、重新鉴定等多种鉴定意见情形，且鉴定意见间不一致的；

---

❶ 《刑事诉讼法》第一百九十二条。
❷ 《民事诉讼法》第七十八条、第七十九条。

(5) 鉴定意见所涉问题专业性很强的；(6) 鉴定意见对定罪量刑有重大影响的；(7) 案件有重大社会影响的；(8) 当事人对鉴定意见有异议、人民法院已决定鉴定人出庭的。鉴定人出庭作证应当作为一般原则，而不出庭作证仅能作为例外，鉴定人可以不出庭的例外情形如因重病、身体不便、交通不便、身处异国等客观原因而短期无法出庭，此时鉴定人可通过视频等方式作证。

专家辅助人出庭以面对面质疑鉴定人及其鉴定意见为诉讼目标，因此，如果专家辅助人出庭，则鉴定人通常必须出庭。而对于专家辅助人出庭必要性的审查，可参照前述鉴定人出庭必要性情形，也就是说，在符合鉴定人必须出庭的情况下，只要当事人对鉴定意见有异议而申请专家辅助人出庭，或者对方也申请了专家辅助人出庭并且法院已经同意，则法院应当同意当事人要求传唤专家辅助人出庭的申请。

按照最高人民法院《关于适用〈中华人民共和国刑事诉讼法〉的解释》（以下简称《刑诉法司法解释》）的规定，当事人申请法庭通知专家辅助人出庭时，法院除了审查出庭必要性，往往还要求当事人说明理由，❶ 实践中这一规定往往成为法院限制当事人行使专家辅助权的潜在手段，如以"理由不充分""未提交质证意见""质证意见不详细"等理由而不同意传唤专家辅助人出庭。对此，笔者认为，在当事人申请专家辅助人出庭的请求尚未批准、当事人尚未获得专家辅助的审前阶段，要求当事人提供比较详细的申请理由或对鉴定意见的质证意见，这对非专业的当事人甚至律师都是高难度挑战。因此，法院对当事人要求专家辅助人出庭的申请理由审查应尽量形式化，要求详述理由的责任不应当加之于申请人，相反，法院拒绝当事人申请则应充分说明理由。同样，当事人向法院提出专家辅助人出庭申请时，法院也不应当要求当事人提交专家辅助人详细的质证意见，而只需提交专家意见的大致异议即可。主要原因在于，如果提交详尽的专家质证意见，会提前泄露有关发问内容、质证策略等，降低质证效果。

总之，在当前以审判为中心的诉讼制度改革背景下，为实现程序公正与

---

❶ 《刑诉法司法解释》第二百一十七条。

实体正义，针对当事人要求鉴定人、专家辅助人出庭的申请，法院审查应尽量形式化、宽松化，❶只要当事人提出鉴定人、专家辅助人出庭的申请，法院原则上应当同意，这也是对抗式庭审改革的内在要求。

4. 鉴定人、专家辅助人同时出庭情形下的庭审质证程序与询问规则

（1）庭审质证程序。

抛开庭审质证前的准备程序，单就庭审询问程序而言，相关司法解释规定，通常由申请鉴定人出庭的一方先询问，再由对方询问；但实践中不少庭审询问程序事实上采用的是英美式典型的交叉询问顺序，如在刑事庭审中，鉴定人若为侦查机关的鉴定人，则由检察官先进行主询问（Examination in-chief），再由被告方反询问（Cross-examination）。但无论何种方式，法官都有询问权以及庭审指挥权，英美法系、大陆法系概莫能外，只不过两大法系下庭审询问中法官职权强弱不同。以下是两类常见的庭审询问顺序的规范作法（以刑事庭审为例）：❷

规范做法1：典型交叉询问方式（假定专家辅助人为辩方聘请，参考附录3）

①核实鉴定人、专家辅助人身份，如实作证声明；②公诉人向鉴定人发问（主询问）；③专家辅助人向鉴定人发问（反询问）；④公诉人向鉴定人补充性发问（再主询问）；⑤专家辅助人向鉴定人补充性发问（再反询问）；⑥鉴定人总结性陈述；⑦专家辅助人总结性陈述；⑧鉴定人、专家辅助人签字退庭。

规范作法2：非典型交叉询问方式（假定专家辅助人为辩方聘请）

①核实鉴定人、专家辅助人身份，如实作证声明；②专家辅助人向鉴定人发问；③公诉人向鉴定人发问；④专家辅助人向鉴定人补充性发问；⑤公诉人向鉴定人补充性发问；⑥专家辅助人总结性陈述；⑦鉴定人总结性陈述；⑧鉴定人、专家辅助人签字退庭。

上述规范作法1、2代表了比较规范的质证程序，其主要特点为：将专家

---

❶ 沈德咏："论以审判为中心的诉讼制度改革"，载《中国法学》2015年第3期，第14页。

❷ 王跃："刑事诉讼中的鉴定意见质证制度研究"，西南政法大学博士论文2016年4月。

辅助人定位为控辩双方各自的技术辅助人,其职能主要在于辅助当事人。因此,专家辅助人能够对鉴定人进行面对面的询问、质疑,专家辅助人沦为"被审对象"的现象得以避免,专家辅助人与鉴定人之间也不用相互回避,使质证取得良好效果。

实践中存在某些不规范,甚至错误的庭审询问顺序,❶即将鉴定人、专家辅助人分开出庭,专家辅助人与鉴定人无法在庭审中面对面交锋,而是由诉讼当事人、法官轮番对鉴定人、专家辅助人进行询问,专家辅助人被客体化而非询问主体,这是极其错误的,是对立法精神的错误解读,很难发挥专家辅助人制度的积极功效,应当尽量避免此种现象的发生。以下是两类庭审询问顺序的不规范作法(以刑事庭审为例)。

不规范做法 1(鉴定人、专家辅助人同时出庭):

①核实鉴定人、专家辅助人身份与如实作证声明;②控辩双方询问鉴定人;③专家辅助人发表质证意见;④控辩双方询问专家辅助人;⑤鉴定人询问专家辅助人并做补充说明;⑥法官对鉴定人、专家辅助人进行补充发问;⑦鉴定人总结性陈述;⑧专家辅助人总结性陈述;⑨控方就鉴定意见、专家辅助人意见发表总结陈词;⑩辩方就鉴定意见、专家辅助人意见发表总结陈词。

不规范做法 2(专家辅助人出庭,鉴定人未出庭):

①专家辅助人向法庭递交书面质证意见并口头阐述主要观点;②辩护律师(委托方律师)向专家辅助人发问;③公诉人向专家辅助人发问。

(2)庭审询问规则。

在诉讼双方、代理律师、鉴定人、专家辅助人、法官多元主体参与的鉴定意见质证程序中,除了安排合理的询问程序,还应设置相应的庭审询问规则,以防止庭审询问无序,影响诉讼效率与发现事实。依据国内外普遍实践以及笔者长期出庭观察,我国的庭审询问并无系统规则,或散见于相关司法

---

❶ 胡铭:"鉴定人出庭与专家辅助人角色定位之实证研究",载《法学研究》2014 年第 4 期,第 201~203 页。

解释，或在实践中通行。常见的庭审询问规则如下：

① 问答规则。

问答规则通常有"一问一答"和"始末连续陈述"两种，而"一问一答"形式最适合于对鉴定人的询问。"始末连续陈述"更适合于普通事实证人，而不太适合于对鉴定人的询问。

② 禁止诱导性询问规则。

我国《刑诉法司法解释》第二百一十三条即为禁止诱导性询问规则的规定，但该条并未界定何为诱导性询问，因此在庭审质证中如何判断该规定的适用，一方面取决于询问人、被询问人如何利用或规避禁止诱导性询问规则，另一方面取决于法官的自由裁量。

③ 意见排除规则。

我国现行《民事诉讼法》《刑事诉讼法》将"鉴定结论"证据的表述修改为"鉴定意见"，这表明鉴定意见仅是鉴定人基于检验所获得的数据、结果并进行推论而形成的专家个人意见，明确了鉴定意见的言词证据属性。

鉴定意见证据的言词证据属性，表明鉴定人较之于普通事实证人具有较多的意见表达与评价自由，因此鉴定人就检验方法原理、操作程序、检验结果等对于案件事实的证明价值进行的评价，并不属于意见禁止范畴，因而也不违背询问规则。但鉴定人的意见表达自由也会受到一定限制，鉴定人不应就被告人是否构成被指控犯罪或者刑事责任能力等法律问题发表意见，也不得就某些本属法官职权判断范围内的争点进行法律评价，这些限制虽未被法律及相关司法解释明确规定，但笔者认为，这应当是鉴定人、专家辅助人知晓并理解的基本法律常识，故在法庭询问中应当遵守此项规则。

④ 相关性规则。

就询问鉴定人而言，询问是否相关，每个人可能有不同的理解或看法，因此询问的相关性难以形成完整的技术规则，故相关性判断通常属于法官的自由裁量范围。笔者认为，就相关性规则而言，相关的询问应当助益于鉴定意见与案件待证事实之间的司法证明过程，因此，无助于司法证明和查明案件事实的询问可界定为无关询问。我国《刑诉法司法解释》第二百一十三条规定的"发问的内容应当与本案事实有关",指的就是发问内容应与案件争议事实的证明相关,或者说,有助于查清案件争议事实的发问才具有相关性。

⑤ 询问鉴定人、专家辅助人时不得有威胁其人身安全、损害其人格尊严的言行。

鉴于此规则并无深奥的学理、法理基础,故不再赘述。

上述五项询问规则是我国庭审询问的主要规则,违反上述规则即可形成我国《刑诉法司法解释》第二百一十四条规定的"不当询问"或"无关询问",但是该司法解释并未就"不当询问"或"无关询问"进行列举或界定,导致其含义不明,故实践中也由诉讼各方自由利用、法官自由裁量。依据笔者的出庭经验以及对国内外文献的研究,庭审中的"不当询问"或"无关询问"通常表现为以下具体情形:a. 欠缺关联性的提问;b. 欠缺重要性的提问;c. 涉及法律评价的提问;d. 不当诱导性发问;e. 容易混淆、误导争点以及意思含糊不清、难以理解的提问;f. 复合性提问;g. 重复提问;h. 不当弹劾专家可信性的提问等。❶

诉讼一方对鉴定人进行交叉询问时,另一方如遇上述不当询问或无关询问,应向审判长适时声明异议,否则,该不当询问或无关询问的瑕疵则视为治愈。

5. 对鉴定意见的审查与认定

关于鉴定意见的审查与认定,《刑诉法司法解释》第八十四条至第八十七条作了详细的规定,主要规定了庭审中法官对鉴定意见的审查内容以及不得作为定案根据的情形(鉴定意见的强制排除规则)。在以审判为中心的诉讼制度改革背景下,侦查取证、公诉审查以及对鉴定意见的庭审质证都应围绕《刑诉法司法解释》规定的鉴定意见审查与认定规则进行,而鉴定意见的强制排除规则不仅是排除不适格鉴定意见的依据,也是法官对补充鉴定、重新鉴定进行程序裁量的直接依据。

---

❶ 王国忠:"刑事诉讼交叉询问之研究",中国政法大学博士论文 2006 年 4 月。

依据《刑诉法司法解释》对鉴定意见审查与认定的相关规定，庭审询问内容应围绕上述规定进行，因此从某种意义上讲，鉴定意见审查的内容也是庭审质证中询问的主要内容，但就个案而言，因询问人的水平、技巧策略以及个案情况差异，询问内容多寡、询问内容顺序安排、询问的实际效果各有不同。一般而言，英美法系下对专家证人进行交叉询问，通常涉及专家证人资格及其可信性、专家意见方法原理的可靠性、物证来源可靠性、专家意见的基础是否可靠、鉴定过程有无质量控制程序、是否存在影响专家意见的偏见因素、专家意见是否超出专家的资格能力范畴等，❶换言之，其询问内容与顺序安排通常从质疑对方专家证人的资格与可信性开始，再质疑专家证言方法原理的可靠性，最后质疑专家意见的准确性。但大陆法系的辩护律师可能更习惯于从鉴定意见的证据能力与证明力各个击破，或者从证据的三大基本属性入手，质疑鉴定意见证据与案件事实间的相关性，从鉴定对象（如物证的来源）质疑鉴定意见的合法性，从其方法原理、检验过程等入手质疑鉴定意见的客观性（可靠性与准确性）；也有学者以其他方式质疑鉴定意见证据，如将质疑问题分为技术问题与法律问题，从技术与法律两方面进行发问。❷上述实践中的不同询问内容与顺序安排孰优孰劣难以评价，因为这取决于不同法系的证据法传统以及询问者自身对证据法基本原理与实践的理解与掌握。

6. 庭审质证结束后法官对补充鉴定、重新鉴定的程序性裁判

庭审质证结束后，根据诉讼双方、鉴定人、专家辅助人的质证意见以及法官的心证结果，法官应视情况决定鉴定意见是否可以采信，是否应当启动补充鉴定或重新鉴定。《司法鉴定程序通则》吸纳了《刑诉法司法解释》第八十四至第八十七条相关规定并进行了细化，确立了补充鉴定、重新鉴定的启动条件。

（1）补充鉴定。

《司法鉴定程序通则》对补充鉴定规定如下：

---

❶ Wes R. Porter, *Expert witnesses: criminal cases*, Thomson West, 2014, para6: 13.
❷ 张斌：《科学证据采信基本原理研究》，中国政法大学出版社 2012 年版。

第三十条　有下列情形之一的，司法鉴定机构可以根据委托人的要求进行补充鉴定：

（一）原委托鉴定事项有遗漏的；

（二）委托人就原委托鉴定事项提供新的鉴定材料的；

（三）其他需要补充鉴定的情形。

补充鉴定是原委托鉴定的组成部分，应当由原司法鉴定人进行。

需要特别说明的是，补充鉴定应当在原鉴定机构，由原鉴定人进行，可以新增鉴定人。另外，其他需要补充鉴定的情形，事实上就是由法官依据《刑诉法司法解释》第八十四至第八十七条相关规定，并结合案件具体情况依职权自由裁量的情形。

（2）重新鉴定。

《司法鉴定程序通则》对重新鉴定规定如下：

第三十一条　有下列情形之一的，司法鉴定机构可以接受办案机关委托进行重新鉴定：

（一）原司法鉴定人不具有从事委托鉴定事项执业资格的；

（二）原司法鉴定机构超出登记的业务范围组织鉴定的；

（三）原司法鉴定人应当回避没有回避的；

（四）办案机关认为需要重新鉴定的；

（五）法律规定的其他情形。

第三十二条　重新鉴定应当委托原司法鉴定机构以外的其他司法鉴定机构进行；因特殊原因，委托人也可以委托原司法鉴定机构进行，但原司法鉴定机构应当指定原司法鉴定人以外的其他符合条件的司法鉴定人进行。

接受重新鉴定委托的司法鉴定机构的资质条件应当不低于原司法鉴定机构，进行重新鉴定的司法鉴定人中应当至少有一名具有相关专业高级专业技术职称。

需要特别说明的是，重新鉴定情形实际上为《刑诉法司法解释》第八十五条有关原鉴定意见强制排除情形下需要重新鉴定的情形，且重新鉴定多为原鉴定意见完全无证据能力或证明力不足所致。另外，为了防止反复重新鉴定，提高司法鉴定意见的权威性与公信力，《司法鉴定程序通则》第三十二条第二款对鉴定机构、鉴定人的资质、职称等级作出了更为严格的规定；而且规定了在通常情况下不得在原鉴定机构、由原鉴定人再次实施重新鉴定，其主要目的是防止鉴定机构及鉴定人拒绝承认错误而维护初次鉴定的错误意见。

7. 裁判说理制度

无论是针对鉴定意见采信与否的裁判，还是针对质证过程中有关补充鉴定、重新鉴定的程序性裁判，其都需要进行推理（Reasoning of judicial decisions），即裁判说理。裁判说理有助于诉讼当事人知晓法庭有关证据审查的内容，因而更易于服判息诉，另外，这也促使法院将其裁判理由建立于客观的争辩之上，进而保护辩方的权利。然而，裁判说理的具体内容是随着具体案件的裁判种类属性而变化的，因而必须根据具体案件情况进行确定。虽然法庭并无义务对案件所有的争点都给出详细的回答，但是涉及案件主要争点的裁判理由必须得到清晰的说明。

裁判说理制度被明确规定于《中共中央关于全面推进依法治国若干重大问题的决定》以及最高人民法院《关于全面深化人民法院改革的意见——人民法院第四个五年改革纲要（2014—2018）》之中，❶这对遏制司法实践中普遍存在的恣意裁判、枉法裁判具有极强的现实意义。尤其对于鉴定意见质证而言，法官对鉴定人是否应当出庭、是否应当批准被告人聘请专家辅助人的请求、是否应当准许补充鉴定及重新鉴定的申请、是否应当采纳鉴定意见等裁判事项具有完全的决定权，并且几乎不告知裁判理由，也很少提供法律救济，这些都不断刺激着公众对司法公正的敏感神经，使得"司法鉴定制度以及质证制度不具备公正性"几乎成为公众的普遍性看法。在此情况下，为防止法官滥用裁量权以及庭审质证沦为法律仪式，促进庭审实质化，有关鉴定意见质证过程的程序性裁判及实体性裁判均应当进行必要的说理，也就是说，所有的裁判结果都应当是法庭质证后形成的、具有内在逻辑关系的必然结

---

❶ 《中共中央关于全面推进依法治国若干重大问题的决定》之"四（四）"："加强法律文书释法说理。"最高人民法院《关于全面深化人民法院改革的意见——人民法院第四个五年改革纲要（2014—2018）》之"三""34. 推动裁判文书说理改革"。

果,❶ 这就是裁判说理制度。❷

8. 模拟庭审

本案中涉及书证的鉴定意见质证,诉讼当事人、律师、鉴定人、专家辅助人、法官多元质证主体参与。在模拟庭审环节,同学们可以自主扮演鉴定人、专家辅助人、侦查取证人员、律师、检察官、法官等主要角色,依据不同角色各自的诉讼功能,通过参加模拟庭审,达到熟悉鉴定意见质证的庭审程序、询问规则、询问内容以及质证技巧等教学目标。

三、教学预期效果

通过本教学案例的课堂教学,使学生熟悉鉴定意见的质证程序以及书证、鉴定意见证据的审查规则,并从律师、鉴定人、专家辅助人、侦查人员、检察官、法官等不同诉讼角色,了解各诉讼主体所需的职业技能与专业知识,为在校期间完成法学相关知识储备、技能训练奠定基础,以期将来能够驾轻就熟地从事法律实务工作。

具体而言,通过本教学案例的课堂教学预期达到以下效果:一是熟悉书证、鉴定意见证据的审查与认定规则,能够大致看懂鉴定书并发现其错误或瑕疵;二是了解文书鉴定的一般原理以及文书伪造变造的常见手法,懂得针对个案中不同形式的书证设定合理的,且有针对性、助益于真相探究的鉴定委托事项;三是作为律师,能够有理有据地及时申请鉴定人、专家辅助人出庭作证,能够撰写针对鉴定意见的书面质证意见,能够撰写补充鉴定、重新鉴定申请书并附具充分理由;四是作为一方当事人的代理律师和专家辅助人,熟悉针对鉴定意见的庭审程序,并在审前准备程序阶段熟悉庭前准备内容,相互配合,共同设定交叉询问策略、准备询问大纲、预测问题与回答、庭审中的灵活应变,以及准备PPT演示稿、电脑、投影仪、激光笔等软硬件,上

---

❶ 贺小荣:"依法治国背景下的司法改革的路径选择",《人民法院报》2014年10月31日,第5版。

❷ 关于说理制度,本书的赞同胡云腾的观点,即司法裁判中的说理包括"裁判文书说理"与"裁判活动说理",这就要把程序性裁判与实体性裁判一并纳入。参见胡云腾:"论裁判文书说理与裁判活动说理",中国法院网,2011年8月10日,http://old.chinacourt.org/html/article/201108/10/460873.shtml,2014年11月15日访问。

述工作同样适用于鉴定人、公诉人庭审前的准备。五是作为庭审法官，熟悉庭审程序安排以及询问规则，熟练行使法官对庭审程序的控制与指挥权，在作出实体性裁判或程序性裁判时进行充分说理。

四、教学课时安排

本案例可以作为专门的实务案例教学课来进行，整个案例教学课的课堂安排的6个课时，每课时45分钟。

五、课堂教学计划

1. 课前计划

（1）授课教师应为学生实施模拟庭审创造必要的物质、设备条件，如使用模拟法庭、司法鉴定中心设备，提供司法鉴定中心专家咨询服务等。

（2）人员分工：按照模拟庭审的要求，由全体学生分组，分别扮演专家辅助人、律师（或诉讼代理人）、检察官、法官，如果条件许可，亦可邀请班级之外的学生担任人民陪审员、旁听人员，以客观公允地评价庭审质证效果。

（3）各组选定负责人，成员之间协同工作，正式模拟庭审时由中选代表出庭。

（4）鉴定书的选择：可到司法鉴定中心调取真实鉴定档案作为模拟庭审的质证对象；如果有熟悉鉴定专业知识的刑事科学技术专业或物证技术方向的学生，也可以选择真实的鉴定材料，由其自主完成鉴定工作，并以此鉴定报告作为模拟庭审的质证对象。

（5）在模拟庭审中，应注意诉讼利益相冲突的主体之间（如法官与律师之间、原被告律师之间、鉴定人与专家辅助人之间）不得相互沟通、私下交流有关庭审程序、询问与回答内容、诉讼策略等方面的信息。

（6）安排学生自行阅读案例及相关延伸阅读，对案例所涉及问题进行思考，撰写实践题答案。

2. 课中计划

（1）介绍教学目的，明确课程教学主题与教学目标；

（2）分组讨论，回答各项思考题，讨论实践题的撰写要点；

（3）小组代表提出撰写要点，学生讨论和分析；

（4）授课教师对模拟庭审的效果、思考题和实践题的回答进行点评或归纳总结。

3. 课后计划

布置类似的案例，或者略微加大难度系数的案例，让学生独立地评价鉴定报告，撰写质证意见及询问大纲，独立判断鉴定意见是否可采、是否应当启动补充鉴定或重新鉴定，合理提出鉴定委托事项等。

六、思考题和实践题

1. 思考题

（1）何种情形下鉴定人、专家辅助人应当出庭？

（2）鉴定人不出庭的法定例外情形有哪些？有无替代措施？

（3）专家辅助人制度有何种积极的诉讼价值？

（4）庭审中鉴定意见质证的一般程序？

（5）庭审询问规则有哪些？

（6）简要阐述鉴定人、专家辅助人出庭质证的规范操作程序。

（7）简要阐述对书证、鉴定意见证据的审查与认定规则。

（8）简要阐述实物证据的辨认与鉴真规则。

（9）简要阐述补充鉴定、重新鉴定的申请条件。

（10）简要阐述书证的系统鉴定原则。

（11）简要阐述书证伪造变造的基本手法。

（12）认定计算打印文书是否存在伪造变造，其主要的检验依据有哪些？

（13）书证材料上签名、指印、印文真实，该书证是否一定整体真实并可作为定案根据？

2. 实践题

（1）假设你作为专家辅助人出庭，请你撰写一份《专家辅助人质证意见书》。

（2）假设你作为鉴定异议方的代理律师，你会如何与你方聘请的专家辅助人进行庭审前的沟通协作？

（3）假如诉讼双方以及鉴定人、专家辅助人之间对鉴定意见争议较大，如果你是本案主审法官，对是否采信鉴定意见、是否启动补充鉴定/重新鉴定程序，你作出决定的理由和依据是什么？

七、延伸阅读

（1）陈瑞华："实物证据的鉴真问题"，载《法学研究》2011年第5期。

（2）王跃、张海辉、王勇："添加打印文书检验方法新探"，载《中国司法鉴定》2008年第2期。

（3）王跃："打印变造文书的检验流程及要旨"，载《中国司法鉴定》2012年第2期。

（4）王跃："静电打印/复印文书的周期性转印痕迹研究"，载《中国司法鉴定》2016年第4期。

（5）喻彦林、易旻、王跃："一例易被误判的排版打印特征检验"，载《中国司法鉴定》2011年第4期。

（6）王跃："对质权如何适用于科学证据——Williams v. Illinois 判例及启示"，载《现代法学》2014年第4期。

（7）王跃："刑事诉讼中的鉴定意见质证制度研究"，西南政法大学博士论文，2006年4月。

（8）沈德咏："论以审判为中心的诉讼制度改革"，载《中国法学》2015年第3期。

（9）胡铭："鉴定人出庭与专家辅助人角色定位之实证研究"，载《法学研究》2014年第4期。

（10）［美］约翰·W. 斯特龙主编：《麦考密克论证据》，汤维建等译，中国政法大学出版社2003年版。

（11）王进喜：《美国〈联邦证据规则〉（2011年重塑版）条解》，中国法制出版社2012年版。

(12)王国忠:"刑事诉讼交叉询问之研究",中国政法大学博士论文,2006年4月。

(13) Wes R. Porter, Expert witnesses: criminal cases, Thomson West, 2014, para6: 13.

(14)张斌:《科学证据采信基本原理研究》,中国政法大学出版社2012年版。

(15)贺小荣:"依法治国背景下的司法改革的路径选择",载《人民法院报》2014年10月31日,第5版。

(16)胡云腾:"论裁判文书说理与裁判活动说理",中国法院网,2011年8月10日,http://old.chinacourt.org/html/article/201108/10/460873.shtml,2016年11月5日访问。

附 录

附录1：本教学案例的鉴定书、检验图片及检材等

D司法鉴定中心

司法鉴定意见书

D司法鉴定中心［2016］文鉴字第×××××号

一、基本情况

委托人：A省B市中级人民法院

鉴定材料：

检材：

1. 落款时间为"2008年3月20日"的《欠款确认书》原件一份，以下简称为JC1。

2. 落款时间为"2008年5月13日"的《承诺书》原件一份，以下简称为JC2。

3. 落款时间为"2008年4月7日"的《抵押还款函》原件一份，以下简称为JC3。

印文样本：

1. 落款时间为"2008年7月9日"函原件一份，简称为YB1。

2. 落款时间为"2008年7月2日"法律事务委托合同原件一份，简称为YB2。

受理日期：2015年12月15日

鉴定事项：

1. 三份检材上的"S房地产开发有限公司"印文与送检的两份同名样本印文是否为同一枚印章盖印形成。

2. 三份检材上的文字内容与盖章形成的先后顺序。

鉴定日期：2015 年 12 月 15 日至 2016 年 1 月 30 日

鉴定地点：D 司法鉴定中心

二、检案摘要

委托人因案件审理需要，特委托本中心对上述专门性问题进行司法鉴定。

三、检验过程及分析说明

（一）印文检验

JC1、JC2、JC3 落款位置处加盖有"S 房地产开发有限公司"印文三枚，盖印清晰完整，特征明确，具备鉴定条件。

YB1、YB2 上的"S 房地产开发有限公司"印文总体盖印清晰，经比较，其各方面图文特征相同，是同一枚印章所盖，具备比较条件。

对上述检材印文与样本印文，采用观察法、内容核对法、测量法、图像比较法进行检验，两者大小、形态、图文结构、图文排列方式、图文间距、字间距、字体、字形、字号等特征一致，相同单字细节特征相同，如"建"字、"地"字、"开"字、"有"字、"限"字、"公"字、"司"字等字的搭配比例、笔画间相互位置、笔画转折与笔画起末端形态等特征相同，单字、线条、数字个体特征未出现本质性差异。（见附件 1 之《印章印文特征比对表》）

基于上述检验结果，检材印文与样本印文存在足够数量的符合特征，且没有本质的差异特征，检材印文与样本印文间相同特征反映于各个方面，数量多且为独特稳定的细节特征，其总体反映了同一枚印章印面结构特有的图文属性。

（二）朱墨时序检验

检材印文与同部位打印字迹均有多处笔画交叉重叠，且交叉重叠部位未检见人为处理及异常痕迹，具备朱墨时序的鉴定条件。

运用 3DM2000 型三维立体显微镜对检材印文与同部位打印字迹交叉重叠部位进行检验，结果显示：JC1、JC2 打印字迹为激光打印形成，JC3 打印字迹为喷墨打印，检材手写字迹均为签字笔字迹，印文均为红色印油所盖。

显微镜下观察，JC1落款部位手写字迹与印文未发生交叉重叠，落款部位打印字迹与印章印文有多处交叉重叠，经显微检验，交叉部位的打印字迹笔画墨粉表面检见红色印油附着，层次关系明显，呈现出先字后印的时序特点。

JC2印文与落款部位手写字迹、打印字迹均存在交叉重叠，经显微检验，交叉部位的打印字迹、手写字迹笔画墨粉表面均检见红色印油附着，层次关系明显，呈现出先字后印的时序特点。

JC3落款部位手写字迹、打印字迹与印文均存在交叉重叠，经显微检验，落款部位打印字迹为喷墨打印形成，其交叉部位的打印字迹、手写字迹笔画表面均检见红色印油附着，层次关系明显，呈现出先字后印的时序特点。（见附件1之"图片说明1、2、3"）

基于上述检验结果，检材1、2、3落款部位印文均形成于同部位字迹之后。

四、鉴定意见

1. 落款日期为"2008年3月20日"的《欠款确认书》、"2008年5月13日"的《承诺书》、"2008年4月7日"的《抵押还款函》上的"S房地产开发有限公司"印文与送检样本印文是同一枚印章盖印形成。

2. 落款日期为"2008年3月20日"的《欠款确认书》、"2008年5月13日"的《承诺书》、"2008年4月7日"的《抵押还款函》上印文均形成于同部位打印字迹、手写字迹之后。

司法鉴定人签名或者盖章　×××××（×××××）
《司法鉴定人执业证》证号：××××××××××
司法鉴定人签名或者盖章　××××（××××）
《司法鉴定人执业证》证号：××××××××××
司法鉴定人签名或者盖章　××××（×××××）
《司法鉴定人执业证》证号：××××××××××

××××年××月××日

本鉴定参照 SF/Z JD0201003—2010《印章印文鉴定规范》、SF/Z JD0201007—2010《朱墨时序鉴定规范》实施鉴定。

附件：

1.《印章印文特征比对表》；图片说明1、2、3；检材1、2、3扫描件。

2. 司法鉴定人执业证影印件；司法鉴定许可证复印件。（略）

潘某某与 S 房地产开发有限公司书证鉴定意见质证案

附件 1 之《印章印文特征比对表》：

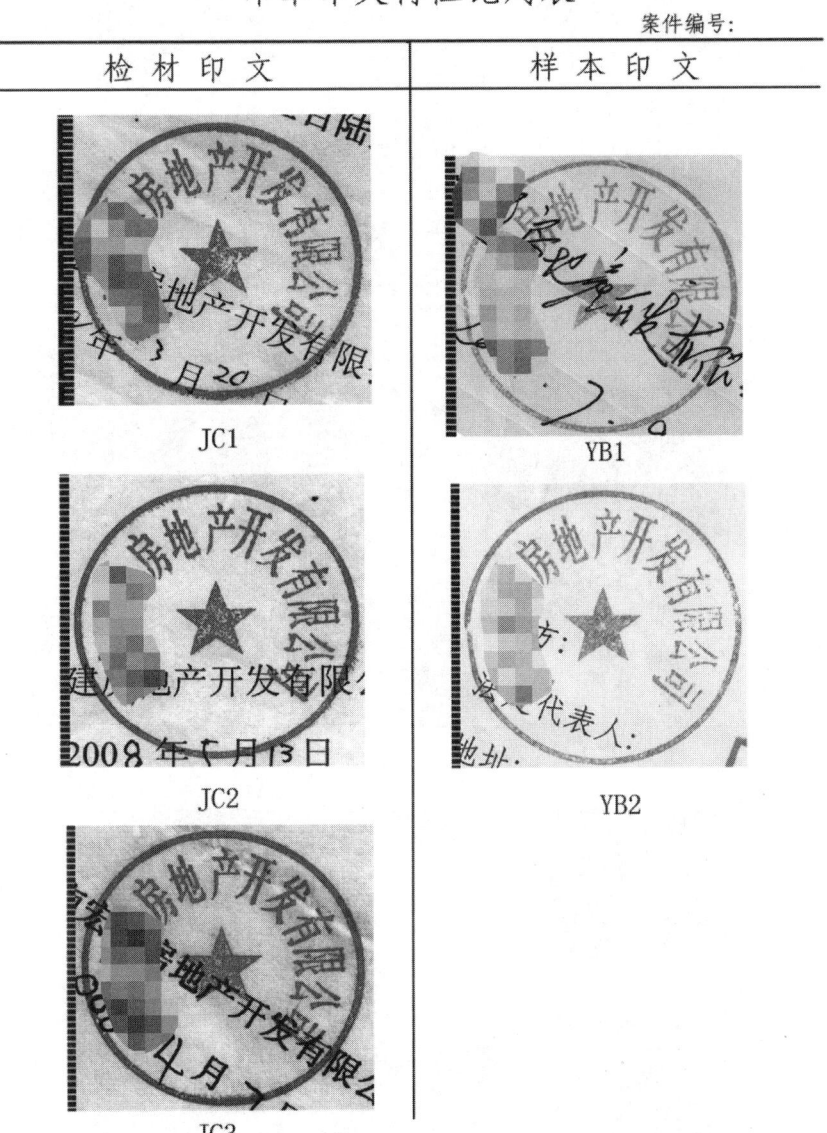

印章印文特征比对表

案件编号：

检 材 印 文	样 本 印 文
JC1	YB1
JC2	YB2
JC3	

编号：FSC07-RF-86-3　记录格式发布日期：2012-04-01　制作人：　　第　页，共　页

附件1之"图片说明1、2、3":

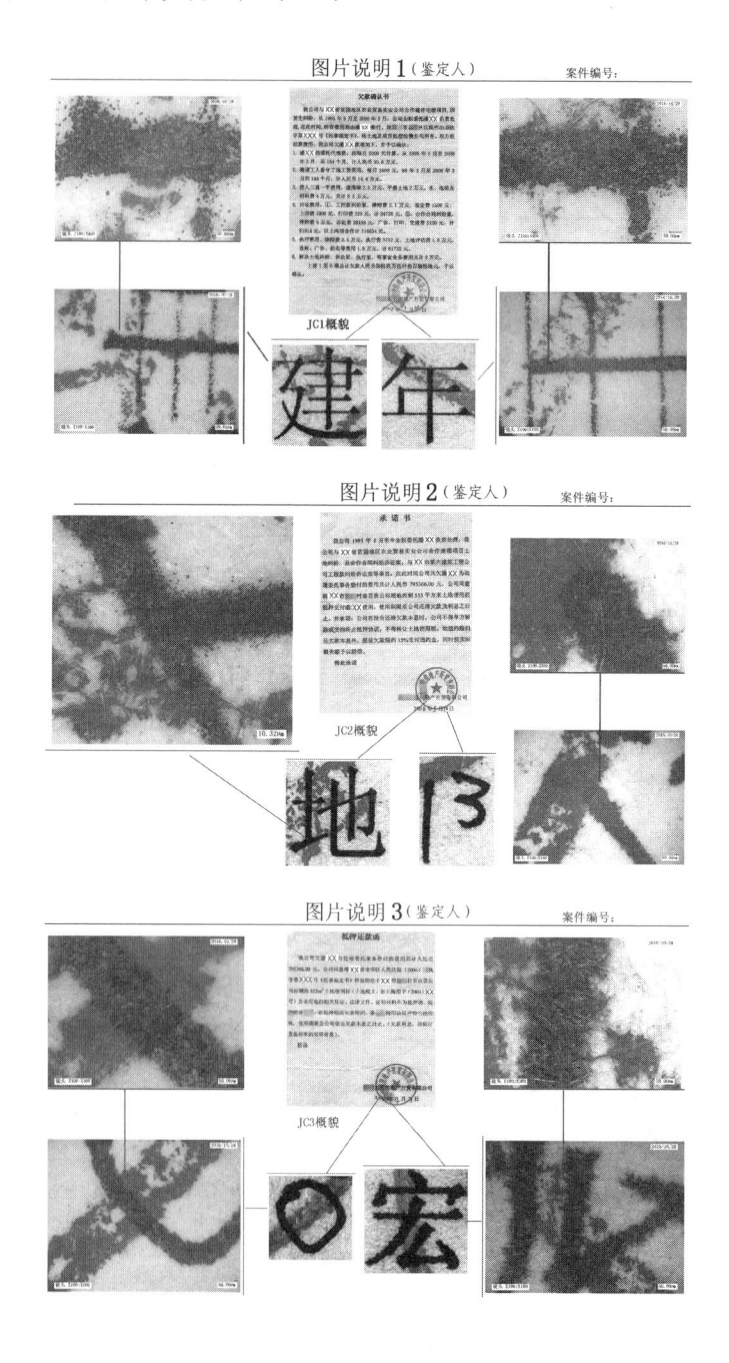

附件1之"检材1、2、3扫描件":

欠款确认书　　　　　检材1

我公司与 A 省贫困地区农业贸易实业公司合作建住宅楼项目，因发生纠纷，从 1995 年 5 月至 2008 年 3 月，公司全权委托潘某某负责处理，在此时间，所有费用均由潘某某垫付。现 B 市 C 区法院作出执字第 XXX 号《民事裁定书》，将土地及项目抵偿给我公司所有。双方经结算费用，我公司欠潘某某款项如下，并予以确认：

1. 潘某某的委托代理费，按每月 2000 元计算，从 1995 年 5 月至 2008 年 3 月，共 154 个月，计人民币 30.8 万元。
2. 聘请工人看守工地工资费用，每月 1000 元，96 年 3 月至 2008 年 3 月共 144 个月，计人民币 14.4 万元。
3. 投入三通一平费用，建围墙 2.5 万元。平整土地 2 万元，水、电装及材料费 4 万元，共计 8.5 万元。
4. 诉讼费用：①、工程款纠纷案、律师费 2.1 万元，鉴定费 1500 元、上诉费 1900 元、打印费 320 元，计 24720 元。②、合作合同纠纷案，律师费 5 万元，诉讼费 36184 元，广告、打印、交通费 5100 元，计 91914 元。以上两项合计 116634 元。
5. 执行费用、律师费 2.5 万元，执行费 3732 元，土地评估费 1.8 万元，查封、广告、拍卖等费用 1.5 万元，计 61732 元。
6. 解决土地纠纷、诉讼案、执行案、等事宜业务费用共计 8 万元。

上述 1 至 6 项总计欠款人民币柒拾玖万伍仟叁百陆拾陆元，予以确认。

　　　　　　　　　　　　　　　　　　房地产开发有限公司
　　　　　　　　　　　　　　　　　　2008 年 3 月 20 日

检材 2

承 诺 书

我公司 1995 年 5 月至今全权委托潘某某负责处理，我公司与 A 省贫困地区农业贸易实业公司合作建楼项目土地纠纷，及合作合同纠纷诉讼案，与 XX 市第六建筑工程公司工程款纠纷诉讼案等事宜，在此时间公司共欠潘某某为处理委托事务垫付的费用共计人民币 795366.00 元，公司同意将 XX 市███村省百货公司用地西侧 555 平方米土地使用权抵押交付潘某某使用，使用期限至公司还清欠款及利息之日止。并承诺：公司在没有还清欠款本息时，公司不得单方解除或变相终止抵押协议，不得转让土地使用权。如违约除归还欠款本息外，愿按欠款额的 15%支付违约金，同时按实际损失额予以赔偿。

特此承诺

███房地产开发有限公司

2008 年 5 月 13 日

检材 3

抵押还款函

  我公司欠潘某某为处理委托事务垫付的费用共计人民币 795366.00 元。公司同意将 B 市 C 区人民法院（2006）■执字第 XXX 号《民事裁定书》作出的位于 XX 市■■村省百货公司西侧的 555m² 土地使用权（土地批文：市土海用字（2001）XX 号）及该用地的相关凭证、法律文件、证明材料作为抵押物，抵押给潘某某。在抵押偿还欠款期间，潘某某拥用该抵押物的使用权，使用期限至公司偿还欠款本息之日止。（欠款利息，按银行贷款利率的双倍计息）。

  特函

■■■建房地产开发有限公司
2008年4月7日

附录2：专家辅助人质证意见中所附检验图片

图片说明1（专家辅助人）

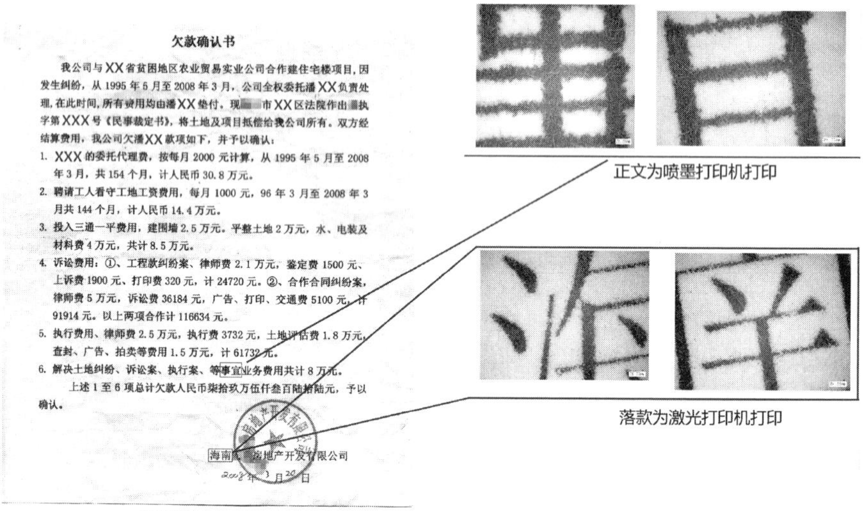

正文为喷墨打印机打印

落款为激光打印机打印

JC1概貌

图片说明2（专家辅助人）

承 诺 书

　　我公司 1995 年 5 月至今全权委托潘某某负责处理，我公司与 A 省贫困地区农业贸易实业公司合作建楼项目土地纠纷，及合作合同纠纷诉讼案，与 XX 市第六建筑工程公司工程款纠纷诉讼案等事宜，在此时间公司共欠潘某某为处理委托事务垫付的费用共计人民币 795366.00 元，公司同意将 XX 市██村省百货公司用地西侧 555 平方米土地使用权抵押交付潘某某使用，使用期限至公司还清欠款及利息之日止。并承诺：公司在没有还清欠款本息时，公司不得单方解除或变相终止抵押协议，不得转让土地使用权。如违约除归还欠款本息外，愿按欠款额的 15% 支付违约金，同时按实际损失额予以赔偿。

　　特此承诺

██████房地产开发有限公司

2008 年 5 月 13 日

JC2

图片说明3（专家辅助人）

抵押还款函

我公司欠潘某某为处理委托事务垫付的费用共计人民币795366.00元。公司同意将B市C区人民法院（2006）龙执字第XXX号《民事裁定书》作出的位于XX市▇村省百货公司西侧的555m²土地使用权〈土地批文：市土海用字（2001）XX号〉及该用地的相关凭证、法律文件、证▇▇作为抵押物，抵押给潘某某。在抵押还欠款期间，潘某某拥有该抵押物的使用权，使用期限为公司偿还欠款本息之日止。（欠款利息，按银行贷款利率的双倍计息）。

特函

海▇▇房地产开发有限公司
2005年4月7日

正文为激光打印机打印

落款为喷墨打印机打印

JC3

图片说明4（专家辅助人）

抵押还款函

  我公司欠潘某某为处理委托事务垫付的费用共计人民币795366.00元。公司同意将 C 市 D 区人民法院（2006） 执字第 XXX 号《民事裁定书》作出的位于 XX 市 XX 村省百货公司西侧的 555m² 土地使用权（土地批文：市土海用字（2001）XX 号）及该用地的相关凭证、法律文件、证明材料作为抵押物，抵押给潘某某。在抵押偿还欠款期间，潘某某拥用该抵押物的使用权，使用期限至公司偿还欠款本息之日止。（欠款利息，按银行货款利率的双倍计息）。

  特函

××××建房地产开发有限公司
2008年4月7日

JC3

附录3：鉴定意见质证范例及其鉴定书

庭审流程

【字幕1】略。

【字幕2】案情摘要：重庆市人民检察院职务犯罪侦查局在办理侯书钊涉嫌贪污罪一案的过程中，嫌疑人律师提供了一份《关于电教大楼弱电工程洽商协议书》证明并非嫌疑人贪污。侦查人员为核实该协议书的真实性，特委托重庆市人民检察院司法鉴定中心进行鉴定。

【字幕3】侯书钊涉嫌贪污案庭审实录（鉴定人、专家辅助人出庭质证部分）

庭审焦点：控辩双方对《关于电教大楼弱电工程洽商协议书》是否系变造形成存在争议。

【字幕4】庭审相关人员（以图示表示诉讼参与人位置，标明鉴定人、专家辅助人的证件照、名字、单位、身份）

【字幕5】庭审现场（法庭座席安排）

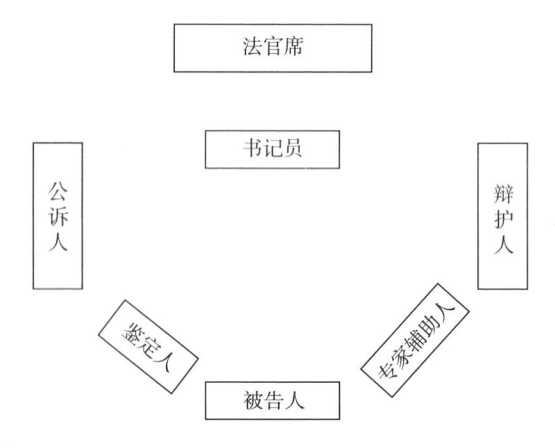

【宣布开庭】

审判长：由重庆市第一中级人民法院公开审理的重庆市人民检察院第一分院起诉指控的侯书某涉嫌犯贪污罪一案现在继续开庭，执庭法警带被告人侯书钊到庭。被告人可以坐下。在上次的庭审中，辩护人出示了一份《关于电教大楼弱电工程洽商协议书》证明并非被告人贪污，公诉人对此文书提出异议，并向法庭申请了司法鉴定。现在由公诉人举证。

公诉人：审判长，根据庭前会议的安排，现在公诉人向法庭举示鉴定意见，为充分展示说明鉴定意见内容，并保证举证、质证过程突出重点，现公诉人向法庭申请鉴定人出庭接受法庭询问，请法庭准许。

审判长：法庭予以准许。

辩护人：审判长，辩护人申请发言，请准许。

审判长：法庭予以准许。

辩护人：审判长，根据庭前会议的安排，辩护人也申请了专家辅助人出庭，为有效质证，现申请专家辅助人一并出庭参与质证，请法庭准许。

审判长：法庭予以准许。执庭法警带鉴定人、专家辅助人出庭。

【法警带鉴定人、专家辅助人出庭】

审判长：本院公开审理的侯书钊涉嫌犯贪污罪一案，根据控辩双方的申请，本院依法通知鉴定人、辩方专家辅助人出庭。根据《刑事诉讼法》第一百八十七条、第一百九十二条的规定，鉴定人、专家辅助人，有义务出庭作证，不得拒绝或虚假作证，否则要负法律责任，鉴定人、专家辅助人，清楚没有？

鉴定人：清楚。

专家辅助人：清楚。

审判长：鉴于庭前，法庭已经核实鉴定人、专家辅助人的身份，法庭不再重复进行核实。

【法警传递相关证件】

审判长：辩护人、被告人，是否申请鉴定人回避？

辩护人：不申请。

审判长：下面由鉴定人宣读鉴定意见。鉴于庭前会议时本庭已经就鉴定意见听取了控辩双方的意见，鉴定人可择要宣读。

【鉴定人简要宣读】

鉴定人1：（鉴－PPT）审判长、各位诉讼参与人，我中心于2015年11月

23 日受理了重庆市人民检察院职务犯罪侦查局委托的《关于电教大楼弱电工程洽商协议书》的检验申请，送检检材是《关于电教大楼弱电工程洽商协议书》原件，送检样本包括四个部分，样本 1 是《关于电教大楼弱电工程补充协议》原件，样本 2 是《关于电教大楼弱电工程付款协议》原件，样本 1 和样本 2 的比对内容是甲方签字栏内的"侯书钊"的亲笔签名手写字迹，和乙方签字栏内的"北解省集局市中心有限责任公司"样本印文，样本 3 是侯书钊本人书写的实验字迹样本，样本 4 是"北解省集局市中心有限责任公司"印章盖印的实验样本印文。委托要求是送检的《关于电教大楼弱电工程洽商协议书》是否系变造形成。受案后，我中心指定了鉴定人对该案进行办理。首先鉴定人对检材的五项要素分别进行了标识，将甲方签字栏内的"侯书钊"的署名字迹标识为检材 1，乙方签字栏处的"北解省集局市中心有限责任公司"印文标识为检材 2，送检的洽商协议书正文第二段"乙方代配置"一段打印文字标识为检材 3，送检的洽商协议书除检材 3 外的其他打印字迹标识为检材 4，检材纸张标识为检材 5。我们按照相关方法对检材进行了全面的检验，主要检验内容包括四项：第一项是侯书钊的署名字迹，第二项是"北解省集局市中心有限责任公司"印文的真实性，第三项是该处印文、乙方签字栏处的印文与检材 4 的朱墨时序关系，第四项是打印字迹。前三项内容也就是侯书钊本人的署名字迹、印文的真实性、印文与打印文字的朱墨时序关系，与我们最终的鉴定意见没有直接性的关联，这里我就不再一一赘述，在这里我主要具体阐述第四项检验内容，关于打印字迹的检验。我们用透光检验法对检材进行了全面的检验，我们发现检材 3 与检材 4 在色泽上存在明显差异，检材 3 部分打印文字字迹比检材 4 明显要淡，我们通过测量比较，发现检材 3 和检材 4 在排版特征上存在明显差异，我们在显微放大观察下发现检材 3 与检材 4 在字迹表面的特征上存在明显差异，这是打印机具差异的具体呈现，通过测量比较我们发现，检材 3 这段文字与检材 4 在行基线上存在不平行的情况，说明检材 3 与检材 4 不是同版一次性打印形成，据此我们认为，送检检材是添加打印的变造文件。鉴定书简要宣读完毕。

审判长：被告人，你对鉴定意见有无意见？

被告人：我觉得……我记得我当时就是一次性打印完了之后，大家一起签字盖章，没有什么变造。我觉得他的鉴定意见是错的。

审判长：辩护人有无质证意见？

辩护人：辩护人认为该鉴定意见的鉴定程序存在瑕疵，且鉴定意见不具有客观性，不能作为定案依据。

审判长：公诉人有无答辩意见？

公诉人：审判长，对此问题公诉人将在对鉴定人询问完毕之后，结合询问情况，进行综合答辩说明。

审判长：下面控辩双方向鉴定人发问，首先由公诉人发问。

【公诉人发问】

公诉人：好的，审判长。请问鉴定人，在鉴定实践中，一般通过什么方法判断文件的真伪？

鉴定人2：在司法实践中，我们根据委托要求和检材要素来选择判断方法。在本案中，我们是依据公安部物证鉴定中心的相关方法进行检验鉴定的。

公诉人：请你向法庭详细地阐述一下，在本案中你们采用了哪些方法得出上述鉴定意见。

鉴定人2：（鉴-PPT）本案检材涉及签名、印文、打印文字等构成要素，所以我们采用了"正常笔迹检验""印章印文检验""朱墨时序鉴别""打印文件检验"四个方法进行检验。我们发现检材上签名、印文真实，印文与打印文字的朱墨时序正常，但检材3与检材其他打印文字不是一次性打印的，所以我们认为检材3是添加打印形成，整个文件是变造形成的。

公诉人：好的，谢谢鉴定人。审判长，公诉人发问暂时到此。

【辩护人发问】

审判长：被告人，你对鉴定人是否发问？

被告人：由我的辩护律师代表我来问。

审判长：辩护人对鉴定人有无发问？

辩护人：有发问。

审判长：辩护人可以发问。

辩护人：鉴定人，您认为文书中的检材 3 是添加打印形成的，请问你能否鉴定出检材 3 是何时打印的？

鉴定人 2：根据本案的委托要求，我们没有对检材 3 打印时间进行鉴定。

辩护人：既然你没有对检材 3 的打印时间进行鉴定，你如何鉴定出检材 3 是事后添加打印的？

鉴定人 2：理由很简单，我们既可以通过打印的形成时间来判断，也可以通过打印的细节特征来判断。

辩护人：鉴定人，既然你不能判断正文第一段和检材 3 的打印时间，那你凭什么认为检材 3 是事后添加打印的？为什么不是正文第一段事后添加呢？

鉴定人 2：这是当然可以的，因为检材的标题、正文的第一段以及落款等部分的内容打印的细节特征是一致的，正文第二段打印文字的细节特征与前面不一致，我们可以确定检材第二段是添加打印形成的，我们来做个测试，如果检材 3 是先打印，那么这份文书是这样的，请看展示，可以看见这种文书内容符合常理吗？显然是不符合的。所以之前的假设是不成立的。

辩护人：请问，文书内容有添加，是否就意味着文书存在变造？

鉴定人 2：文书内容添加，并不意味着文书有变造，但是在真实的文书上添加内容但缺乏合理理由的，这就是变造文书。

辩护人：你刚才告诉法庭变造的前提是文书真实，请问你通过鉴定，能判断添加打印的检材 3 必然形成于这个文书的签名、盖章之后？

鉴定人 2：根据委托要求，我们没有对这个作相应的鉴定。

辩护人：既然没有鉴定，万一添加打印的检材 3 是先添加，后签名盖章呢？这时候还叫变造吗？

鉴定人 2：刚才被告人在陈述事实的时候，已经很清楚地表示文书是一次性打印后签名盖章，这就表明你的假设是不成立的。

辩护人：你刚才提到了被告人，那我请问你通过鉴定能够鉴定出本案中添加打印的检材 3 是被告人侯书钊添加打印的吗？

鉴定人2：您提的问题和本案的鉴定意见是无关的，是法庭调查需要综合判断来解决的，所以鉴定人无法回答。

辩护人：既然通过鉴定你都不能确定这个文书的添加是侯书钊添加的，那你的鉴定意见和本案有什么关联性呢？

公诉人：反对。公诉人认为，就辩护人提到的鉴定意见与本案的关联性问题，已经超出了鉴定意见本身的范畴，不属于应当向鉴定人发问的内容，请审判长予以制止。

审判长：法庭对公诉人的反对意见予以支持，辩护人还有其他问题需要向鉴定人发问吗？

辩护人：审判长，辩护人的发问到此。鉴于本案涉及专业知识，下面请专家辅助人参与质证。

【专家辅助人发问】

审判长：专家辅助人，你对鉴定意见有什么看法？

专家辅助人：审判长，专家辅助人对鉴定意见有两点意见，一是鉴定程序有瑕疵，二是鉴定意见有不科学之处，鉴于此，我向审判长申请向鉴定人发问，请准许。

审判长：准许。

专家辅助人：（辩-PPT）鉴定文书第4页第7行提到"YB2、YB3、YB4上的样本印文"，我们查对YB3，上面没有印文，请鉴定人解释这是什么原因。

鉴定人1：经过我们对鉴定文书的仔细核对，发现此处是打印错误，准确的内容应该为"YB1、YB2、YB4"，鉴定人当庭作出口头更正。

专家辅助人：（辩-PPT）鉴定文书第3页倒数第2行"部首和笔画间的搭配比例等一般特征方面"，据我所知搭配比例是细节特征，而鉴定人把它归为一般特征，请鉴定人回答这是为什么？

鉴定人1：就"部首和笔画间的搭配比例"究竟属于一般特征还是细节特征，在学理上存在一定争议，本案中该特征到底是一般特征还是细节特征并不影响鉴定意见的客观性。

专家辅助人：鉴定文书第4页最后一段，对检材5的检验看不出与鉴定意见有何联系，这又是怎么回事，请鉴定人解释？

鉴定人1：这部分检验是根据委托要求来的，本案的委托要求是鉴定这份文件，送检的这份洽商协议书有否有伪造变造，我们要通过全面的、综合性的手段去检验这份文件，排除了其他伪造的可能，才能够得出最终意见。像本案，我们通过前面字迹，就是甲方签字栏处侯书钊的本人签名字迹，乙方签字栏处的印章印文，还有纸张等其他检验，排除了用擦刮、消退、盗用签名的其他方法来变造文书的可能。你刚才提到对纸张的检验就是这些检验的其中一个部分。回答完毕。

专家辅助人：鉴定人，你在鉴定意见中认为，检材3与检材4是由不同打印机具形成，主要依据是"字迹表面露白较多""字迹表面色泽不同"，但是我们知道，同次打印时，如果将不同的文字设置不同的灰度、不同的色彩，也可能出现上述状况，那你的结论怎么具有科学性呢？

鉴定人1：专家辅助人的这个问题，我们在检验中已经充分考虑过，通过打印模式、灰度、色彩不同设置从而导致打印文字表面出现露白特征，它与本案中的特征是完全不一样的，通过改变打印设置，而导致打印文字表面出现露白是网格状，是有规律性的，而本案我们检验发现，检材3字迹表面的露白特征是非规律性的，这就排除了因打印设置不同造成的这种情况。我们做了图片，像左边这样，这个"通"字，它的露白就是因为打印设置不同造成的，而本案中的，像右边这个"电"字，是检材3中出现的，我们可以直观地看到两种露白差异，回答完毕。

专家辅助人：鉴定附图记录里我只看到一个"整"字做检验，整段文字有二十几个字，请问鉴定人，只选择一个字做检验是否具有抽样的代表性？

鉴定人1：你提到的情况是我们制作鉴定文书的范畴，我们在制作鉴定文书时，不能够把我们所有的检验内容都体现到鉴定文书中，事实上本案我们是从整体到局部、从宏观到微观，对整个检材都进行了全面细致的检验。对检材上所有的打印字迹都进行了逐字逐笔画的检验，每一个阶段，每一种检验方法，每一次检验程序，我们都做了详细的记录。我们只选取了部分具有典型性、代表性的进行标识，放到鉴定文书中，这个"整"字就是这样来的。

专家辅助人：《字符重合检验》附图记录中，"整"字未完全重合，从图片上看，差异并不明显，很可能是因为操作不当造成的。请问鉴定人是如何对"整"字进行检验的？

鉴定人：提到这个"整"字检验，我们对检材3和检材4的相同字符进行检验，是对它的相同字符进行平行移动来重合比对的，我们通过重合比对发现，检材3部分的相同字符，只经过平行移动可以完全重合，检材4的相同字符经过平行移动也可以实现完全重合。而检材3与检材4之间的相同字符，只经平行移动是不能完全重合的。这一部分检验是这样完成的。

专家辅助人：请问鉴定人，你在鉴定意见中认为，检材3是不同次打印形成的重要依据是行基线的不平行，那么行基线不平行就能说明是不同次打印形成的吗？

鉴定人1：是。刚才我已提到，行基线不平行，是可以直接认定是不同次打印的。我这个观点是符合当前的实务通说的，也是业内公认的。在权威期刊《中国司法鉴定》2008年第2期上有篇文章——《添加打印文书检验方法新探》，该文章明确指出："倾斜度、行距、页边距三个特征中，倾斜度特征的鉴定价值最高，是认定打印添加的直接依据，检见该特征即可径直认定打印添加变造事实。"本案，我们检验出了检材3和检材4的行基线和行倾斜度不一致，通过对行基线、行倾斜度的测量和比较，判断是否一次性打印形成的方法，是成熟科学的，通过这个方法得出的鉴定意见是客观的，本案中我们就是按照这个方法判断的。我的回答完毕。

专家辅助人：请问鉴定人"不是同次排版形成"，能否得出"添加打印形成"的结论？

鉴定人1：排版特征差异不能得出不同次打印的鉴定意见，当它还伴随着诸如打印质量差异，诸如行基线不平行等其他高质量特征时，才能够得出不同次打印的鉴定意见。回答完毕。

专家辅助人：审判长，我的提问完了。

【审判长发问】

审判长：鉴定人，请向法庭明确陈述，你得出鉴定意见的依据是什么？

鉴定人1：审判长，本案检材是这份洽商协议书，鉴定要求是这份协议书是否有伪造变造，我们首先排除了这份文书擦刮、消退、盗用签名、盗用印文来变造的可能性，我们通过对打印文字的检验，发现这份检材存在添加打印的事实，据此我们判断出这份检材是添加打印变造文件。回答完毕。

审判长：公诉人，对专家辅助人是否发问？

公诉人：审判长，鉴于专家辅助人并未对本案的争点事项提出确定的、独立的意见，所以公诉人对专家辅助人暂不发问。

【总结陈述】

审判长：刚才发问情况，本庭已经听清，专家辅助人、鉴定人是否需要总结陈述？

专家辅助人：需要。

鉴定人1：需要。

审判长：首先请专家辅助人总结陈述。

专家辅助人：审判长，通过质证，我们可以得出这样的结论，一是鉴定书中印文样本来源不清，说明鉴定程序有瑕疵，二是鉴定人对搭配比例特征的分类搞不清，说明鉴定人的专业素质还不高，三是鉴定依据不能直接得出鉴定结论，鉴定依据与鉴定结论之间缺乏必然的逻辑关系，所以我认为最终的鉴定意见缺乏科学性。我的陈述完毕。

审判长：请鉴定人总结陈述。

鉴定人1：我们认为虽然本次我们的鉴定文书存在个别打印瑕疵，但是关于检材是否存在变造的检验及逻辑分析过程是严谨的，论据是充分的，尤其是行基线不平行、打印机具特征的明显差异、排版特征存在明显差异，这三项内容足以认定检材是变造形成，我们的鉴定意见是客观、科学、可靠的。我的陈述完毕。

审判长：针对鉴定意见部分公诉人还有无发问？

公诉人：没有。

审判长：被告人是否还有发问？

被告人：没有。

审判长：辩护人是否还有发问？

辩护人：没有。

审判长：鉴于鉴定人和专家辅助人已经充分发表意见，法庭对鉴定意见部分的调查结束，请鉴定人和专家辅助人核对庭审笔录，签字确认后退庭。现在休庭。

【书记员向鉴定人和专家辅助人出示庭审笔录，确认无误后签字退庭】

重庆市人民检察院司法鉴定中心
参加单位编号：B213
文件检验鉴定书

一、委托单位：最高人民检察院检察技术信息研究中心

二、送检人：×××

三、送检材料：

（一）检材

落款日期为2008年4月21日，北方工业技术联合学院与北解省集局市中心责任有限公司签订的《关于电教大楼弱电工程洽商协议书》原件1页，编为JC（详见附件1：检材全貌复制件）。

（二）样本

1. 落款日期2008年4月21日，北方工业技术联合学院与北解省集局市中心责任有限公司签订的《关于电教大楼弱电施工补充协议》原件1页，编为YB1（详见附件2：样本全貌复制件1）；

2. 落款日期2008年4月21日，北方工业技术联合学院与北解省集局市中心责任有限公司签订的《关于电教大楼弱电工程付款协议》原件1页，编为YB2（详见附件2：样本全貌复制件2）；

3. 2015年11月11日，A省检察院反贪局提取的候书钊本人签名笔迹实

验样本原件 1 页，编为 YB3（详见附件 2：样本全貌复制件 3）；

4. 2015 年 11 月 11 日，A 省检察院反贪局提取的北解省集局市中心责任有限公司公章印文样本原件 1 页，编为 YB4（详见附件 2：样本全貌复制件 4）。

四、委托要求：

落款日期为 2008 年 4 月 21 日，北方工业技术联合学院与北解省集局市中心责任有限公司签订的《关于电教大楼弱电工程洽商协议书》是否为伪造或变造形成。

五、受理日期：2015 年 11 月 23 日

六、开始鉴定日期：2015 年 11 月 23 日

七、简要案情：

A 省检察院反贪局在办理 2015 年 9 月立案侦查的"北方工业技术联合大学原党委书记候书钊涉嫌贪污"一案的过程中，嫌疑人律师提供一份《关于电教大楼弱电工程洽商协议书》，称涉案款项中有 30 余万是用于单位配置电教大楼电教设备，并非嫌疑人贪污。

侦查人员前往嫌疑人所在单位查证，该单位图书馆大楼弱电工程施工确实委托给北解省集局市中心责任有限公司，由于搬迁中部分资料丢失，这份《关于电教大楼弱电工程洽商协议书》没有档案留存。侦查人员前往北解省集局市中心责任有限公司查证，该公司由于经营不善已经于 2012 年 4 月变更法人和经营项目，知情人员已先后调离，相关资料难以调取核实。

办案部门对这份《关于电教大楼弱电工程洽商协议书》的真实性存有疑问，委托我单位进行文件检验鉴定。

八、检验及分析论证：

在自然光条件下观察发现，JC 为 A4 规格打印纸一页，其上有黑色印刷文字若干，黑色署名字迹一处，红色印文一枚，印文与黑色印刷文字有交叉。在 VSC5000 型文检仪上分别用荧光、紫外光观察发现，JC 上印刷字迹、署名字迹与印文的颜色反映不同（详见附件 4：荧光检验，附件 4：紫外光检验），透光观察 JC 发现，正文末段与其他印刷字迹色泽明显不同（详见附件 4：透光检验），纸张表面颜色反映均匀，未发现涂改、擦刮、拼接等痕迹。将 JC

上"侯书钊"的署名字迹编为 JC-1，印文编为 JC-2，正文末段印刷字迹编为 JC-3，其余印刷字迹编为 JC-4，JC 的纸张编为 JC-5（详见附件1：检材全貌复制件）。

以下检验依据正常笔迹检验方法（IFSC 09-01-01-2006）、印章印文检验方法（IFSC 09-03-04-2006）、朱墨时序鉴别方法（IFSC 09-04-03-2006）、打印文件检验方法（IFSC 09-03-02-2006）。

（一）对 JC-1 的检验

JC-1 为甲方落款处"侯书钊"署名字迹，笔画上有笔痕，笔画边缘有洇散痕迹，应为黑色墨水手写形成，书写熟练程度较高，运笔流畅自然，无伪装，是正常笔迹，字迹特征清晰，具备鉴定条件；送检侯书钊的字迹样本有同时期案前自然样本 YB1、YB2 和实验样本 YB3，数量充分，书写特征反映稳定，具备比对条件。

将 JC-1 与侯书钊的样本签名字迹进行比对，发现两者的字体、字形、书写水平、部首和笔画间的搭配比例等一般特征方面符合较好，在相同字、相同笔画的起收笔、运笔、连笔等细节特征方面也符合较好（详见附件3：笔迹特征比对表），充分反映出相同的书写习惯，可以判断它们是同一人书写形成。

（二）对 JC-2 的检验

JC-2 为乙方落款处红色圆形印文，中心图案为五角星，内容文字"北解省集局市中心有限责任公司"由左至右环形排列，印文特征清晰，具备鉴定条件。在显微镜下放大观察可见该印文有抑压、挤墨特征，是盖印形成。YB2、YB3、YB4 上的样本印文均完整清晰，特征稳定，具备比对条件。

将 JC-2 与样本印文分别进行扫描提取，用 Photoshop 软件进行重叠比对，发现两者重合较好（详见附件4：重叠比对检验）；用特征标识法比对，发现两者图文有 10 个以上细节特征符合（详见附件3：印文特征比对表），充分说明其符合的本质属性，两者是同一枚印章盖印形成。

（三）对 JC-2 与 JC-4 朱墨时序的检验

在体式显微镜下观察 JC-2 发现，红色色料均匀，透光观察可见图文边缘有洇散痕迹，应为印油印文；在体式显微镜下观察 JC-4 发现，该处印刷文字为熔融状墨粉颗粒堆积形成，应为激光打印字迹。用奥博 6000 型显微镜放大观察 JC-2 与 JC-4 交叉处可见，打印字迹表面附着有红色物质（详见附件 4：朱墨时序检验），由此判断 JC-4 形成在先，JC-2 形成在后。

（四）对 JC-5 的检验

显微放大观察 JC-5，可见有品红、蓝、黄等彩色墨点遍布纸张表面，其余未见异常（详见附件 4：纸张一般检验），说明 JC-5 经过了彩色激光打印机。

（五）对 JC-3、JC-4 的检验

用 Photoshop 软件打开 JC 的扫描图片放大观察 JC-3、JC-4，添加平行辅助线进行比对，发现两者的段落首行缩进不同，行间距存在明显差异（详见附件 4：排版检验），说明两者不是同次排版形成。

JC-3 与 JC-4 均为宋体打印字迹，将其中相同字符进行重叠比对，发现相同字符相同笔画的粗细长短不同，字符整体形态不能完全重合（详见附件 4：字符重合检验），说明两者所用字库不同。

将 JC-3 与 JC-4 整行平移重叠比对发现，两者行倾斜度不一致（详见附件 4：排版检验），说明两者不是同次打印形成。

透光观察检材，发现 JC-3 与 JC-4 在色泽上有明显差异（详见附件 4：透光检验）；显微放大可见 JC-3 字迹表面露白较多，且与 JC-4 字迹表面墨迹色泽不同，表面微观形态不同（详见附件 4：打印文字检验），说明两者由不同的打印机具打印形成。

综上，JC-1 与侯书钊样本字迹是同一人书写形成；JC-2 与送检样本印文是同一枚印章盖印形成；JC-2 与 JC-4 的朱墨时序关系为先文字后印文；JC-3 与 JC-4 不是同版一次性打印形成，可以判断 JC-3 为添加打印形成。

九、鉴定意见：

落款日期为 2008 年 4 月 21 日，北方工业技术联合学院与北解省集局市中心责任有限公司签订的《关于电教大楼弱电工程洽商协议书》是变造形成。

附件：1. 检材全貌复制件 1 页

2. 样本全貌复制件 4 页

3. 特征比对表 2 页

4. 鉴定文书附图记录 9 页

鉴定人：（技术职称，可选）：×××（签名）

（技术职称，可选）：×××（签名）

（司法鉴定专用章）

二〇一五年十二月十日

特别提示：

检验鉴定结果仅对所送检材和样本有效；未经本中心的书面同意不得部分复印鉴定书（全部复制除外）。

附件1：

重庆市人民检察院司法鉴定中心
检材全貌复制件

参加单位编号：　B213

B213

关于电教大楼弱电工程洽商协议书

JC-5
(纸张)

甲方：北方工业技术联合学院

乙方：北解省集局市中心责任有限公司　　JC-4
（JC-3以外其他打印字迹）

　　针对北方工业技术联合学院电教大楼弱电工程施工的具体变更，经双方协商，电教大楼施工款金额确定为壹佰柒拾叁万捌千元整。尚欠柒拾叁万捌千元整。
　　乙方代配电教大楼电教设备叁拾万捌千元整。尚欠　JC-3
叁拾万捌千元整。　　　　　　　　　　　　　　　（JC正文末段打印字迹）

甲方签字：侯书刨　　乙方签章：
JC-1　　　　　　　　2008年4月01日
(签名字迹)

JC-2
(印文)

JC

说明：扫描分辨率为600dpi，唯一性标识为鉴定人添加。

第 1 页 共 1 页

潘某某与 S 房地产开发有限公司书证鉴定意见质证案

附件2：
重庆市人民检察院司法鉴定中心
样本全貌复制件1

参加单位编号： B213

B213

关于电教大楼弱电工程施工内容补充协议

甲方：北方工业技术联合学院

乙方：北解省集局市中心责任有限公司

  1、一层需要布线的地方有：配电室敷设2条网线；建议将主干光缆24芯扩容至36芯；

  2、二层会议室机柜到会议桌加8根200*100金属槽，4根100*100金属槽。

  3、二、三层会议室大屏后设备间各加12芯光缆，12根网线；主机房电话安装配线架；

  4、四层需要布线的地方有：音控室敷设2条网线；

  5、四层会议室每面墙体预留6条网线、2条2芯光缆。

甲方签字： 侯书创　　乙方签字：
YB1-1　　　　　　　　2008年4月21日

YB1

说明：扫描分辨率为600dpi，唯一性标识为鉴定人添加。

第 1 页 共 4 页

附件2：　　　　重庆市人民检察院司法鉴定中心
样本全貌复制件2

参加单位编号：　　　B213

关于电教大楼弱电工程付款协议

甲方：北方工业技术联合学院

乙方：北解省集局市中心责任有限公司

　　北方工业技术联合学院电教大楼弱电工程付款方式，经双方协商，由乙方先行垫资，项目中期验收后甲方付50%工程款，工程全部验收后甲方再付30%工程款，乙方以20%工程款做质保，工程全部验收后两年，甲方再付20%工程款的尾款。

甲方签字：　　　　　　　乙方签字：

YB2-1　　　　　　　　　2008年4月21日

YB2

说明：扫描分辨率为600dpi，唯一性标识为鉴定人添加。

第 2 页　共 4 页

潘某某与S房地产开发有限公司书证鉴定意见质证案

附件2：

重庆市人民检察院司法鉴定中心
样本全貌复制件3

参加单位编号： B213

B213

侯书创　　侯书创　　侯书创
　　　　　YB3-1
侯书创　　侯书创　　侯书创
　　　　　　　　　　YB3-2

侯书创　　侯书创　　侯书创

侯书创　　侯书创　　侯书创

侯书创　　侯书创　　侯书创

侯书创　　侯书创　　侯书创

YB3

说明：扫描分辨率为600dpi，唯一性标识为鉴定人添加。

附件2：　　　　重庆市人民检察院司法鉴定中心
　　　　　　　样本全貌复制件4

参加单位编号：　　B213

YB4-1

YB4

说明：扫描分辨率为600dpi，唯一性标识为鉴定人添加。

第 4 页　共 4 页

附件 3: 　　**重庆市人民检察院司法鉴定中心** 参加单位编号：B213

笔迹特征比对表

检材	样本
JC-1	YB1-1
	YB2-1
	YB3-1
	YB3-2

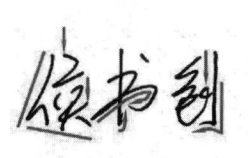

附件3: 重庆市人民检察院司法鉴定中心　参加单位编号：B213
印文特征比对表

检　材	样　本
JC-2	YB4-1

第 2 页 共 2 页

附件4： 重庆市人民检察院司法鉴定中心
鉴定文书附图记录

参加单位编号： **B213**

荧光检验

在VSC5000型文检仪上荧光观察发现，JC-1消退，JC-2有荧光反应，JC-3、JC-4、JC-5未检出消退、擦刮、拼接等痕迹。

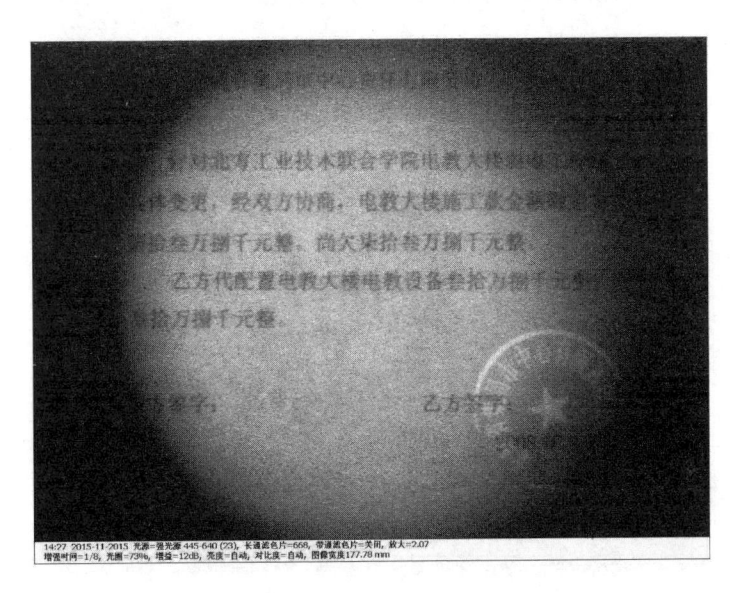

JC

附件4：　　　重庆市人民检察院司法鉴定中心
　　　　　　　　　鉴定文书附图记录

参加单位编号：　B213

紫外光检验

在 VSC5000 型文检仪上紫外光观察发现，JC-1、JC-2、JC-3、JC-4、JC-5 未检出消退、擦刮、拼接等痕迹。

JC

附件4: 重庆市人民检察院司法鉴定中心
鉴定文书附图记录

参加单位编号: B213

透光检验

在翻拍仪上透光观察发现，JC-3与JC-4在色泽上有明显差异。

JC

附件4： 　　　　　　**重庆市人民检察院司法鉴定中心**
　　　　　　　　　　　鉴定文书附图记录

参加单位编号：　B213

重叠比对检验

JC-2（正相）与 YB4-1（反相）重合完好。

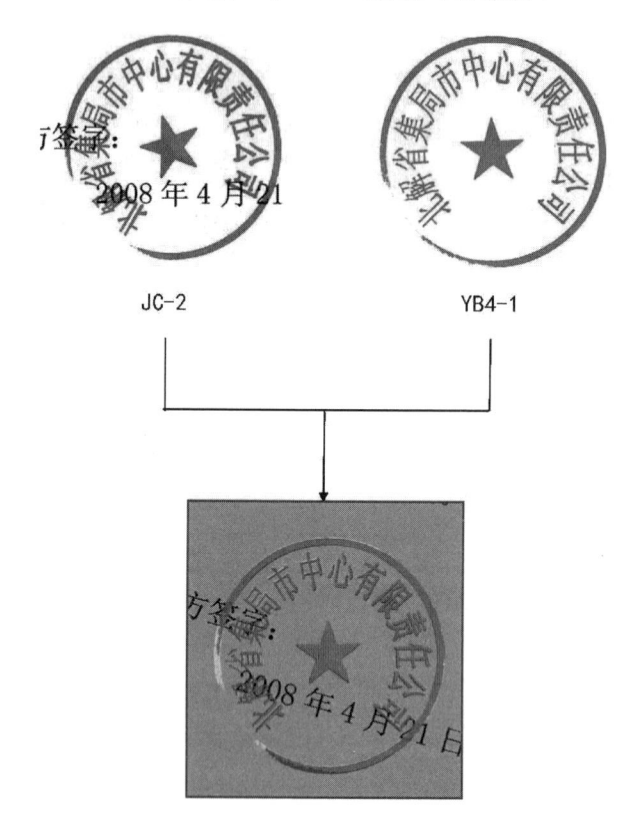

JC-2　　　　　　　　　　YB4-1

附件4： 重庆市人民检察院司法鉴定中心
鉴定文书附图记录

参加单位编号：**B213**

朱墨时序检验

奥博6000显微镜放大观察发现，JC-2与JC-4交叉处打印字迹表面上附着有红色物质。

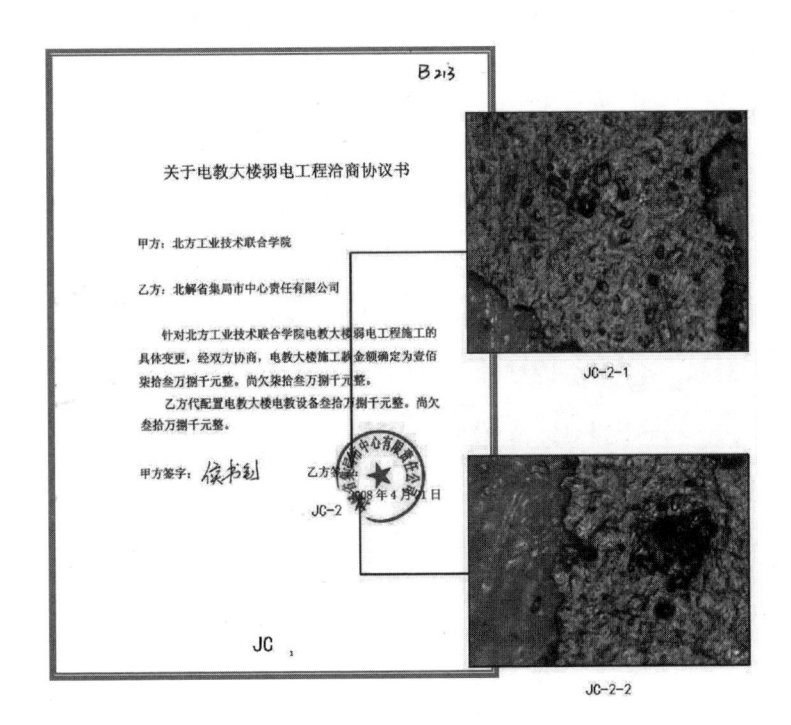

附件4：　　　　重庆市人民检察院司法鉴定中心
　　　　　　　　　　鉴定文书附图记录

参加单位编号： B213

纸张一般检验

显微镜放大观察 JC-5，可见品红、蓝、黄等彩色墨点。

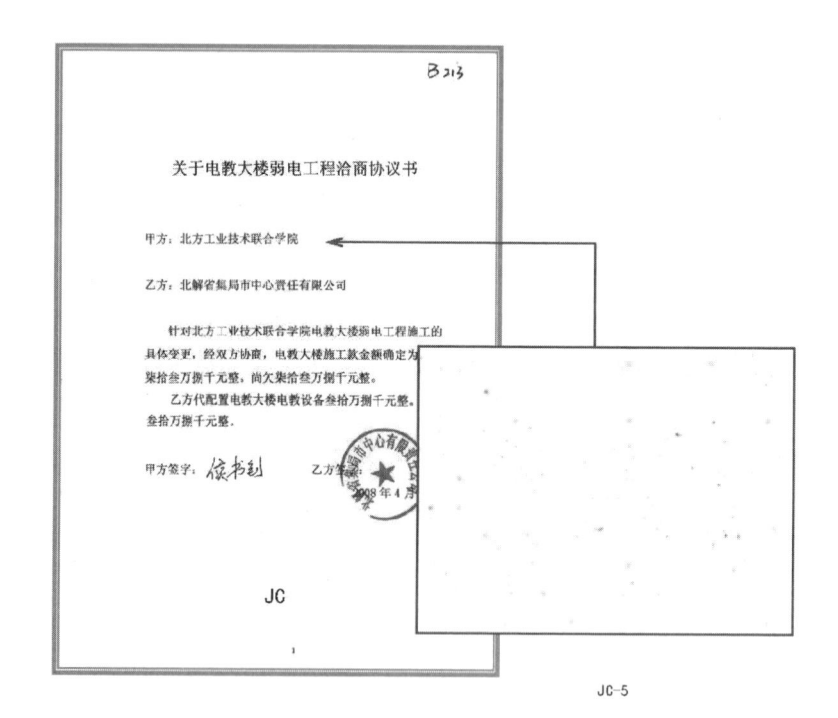

附件4：　　　**重庆市人民检察院司法鉴定中心**
　　　　　　　　鉴定文书附图记录

参加单位编号：　B213

排版检验

JC-3 与 JC-4 首行缩进、行间距、行倾斜度不同。

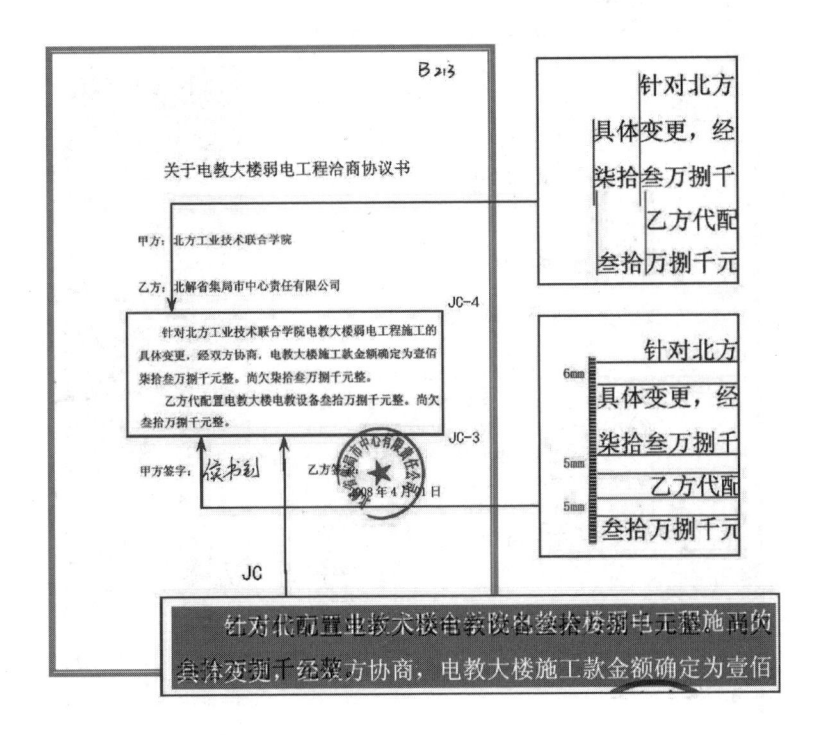

附件 4： 重庆市人民检察院司法鉴定中心
鉴定文书附图记录

参加单位编号： **B213**

字符重合检验

JC-3 的相同字符可以完全重合；JC-4 的相同字符可以完全重合；JC-3 与 JC-4 的相同字符不能完全重合。

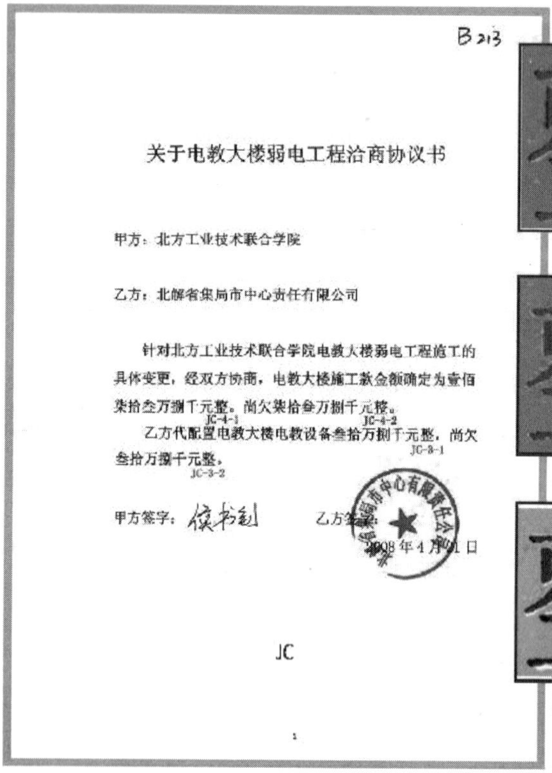

附件4：　　　　重庆市人民检察院司法鉴定中心
　　　　　　　　鉴定文书附图记录

参加单位编号：　B213

打印文字检验

蔡司 V20 体式显微镜放大观察发现，JC-3 与 JC-4 的相同字符的墨迹色泽不同、表面微观形态不同。

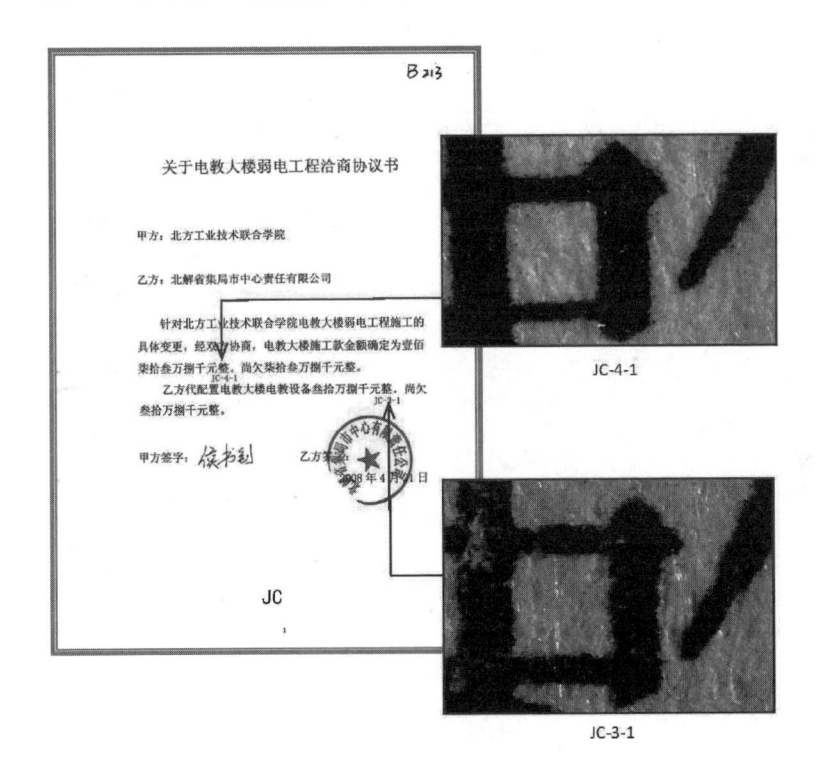

JC-4-1

JC-3-1

JC

欧宝公司诉特莱维公司企业借贷纠纷案

欧宝公司诉特莱维公司企业借贷纠纷案

——虚假民事诉讼的证据审查与认定[1]

（民事诉讼实务）

<u>教学案例概览</u>

摘　要：本教学案例以一起真实的名为借贷、实为虚假诉讼的疑难复杂案件为蓝本，以虚假民事诉讼的证据审查与认定为核心，涉及民事实体法与民事程序法的内容，包括借款合同无效的事由，公司法人人格否认制度，法院依职权调查取证，当事人的举证责任与证明标准，证据真实性的审查判断等。本案例作为最高人民法院第二巡回法庭再审首次认定的虚假诉讼大要案，其对虚假诉讼证据抽丝剥茧、条分缕析地分析论证，集中展现了正义守护者对公正司法、严格司法与精密司法的诉讼价值追求，无论是对法律专业学生学习法律知识与技能、培养法律信仰，还是对于当前日益泛滥的虚假诉讼、"套路贷"案件审判实践，均具指导意义，其经典性不言而喻。本案例历经辽宁省高级人民法院（以下简称辽宁高院）一审、辽宁高院再审、最高人民法院二审三个诉讼阶段，有利于帮助学生系统学习民事诉讼的程序规定以及证据制度，提高学生法律专业知识与实践技能。

关键词：民事诉讼；企业借贷；虚假诉讼；调查取证；证据审查

---

[1] 此案例来源于最高人民法院（2015）民二终字第324号民事判决书，为保护当事人隐私，文中对当事人的名称（姓名）作了隐名处理。

教学案例正文

一、案件相关背景

近年来，随着市场经济的快速发展，出现一些别有用心的当事人相互串通，虚构民事法律关系，向法院作虚假陈述，进而利用法院作出的裁判，实现自己的不正当利益的现象。虚假诉讼行为不仅侵害了案外人的合法权益，还严重损害了司法权威和社会诚信，异化了诉讼的功能。针对虚假诉讼泛滥的问题，《民事诉讼法》在第一百一十二条、第一百一十三条分别规定了诉讼当事人、被执行人与他人恶意串通，进行虚假诉讼的行为方式和法律后果。《刑法修正案》（九）也把虚假诉讼的行为纳入刑法规制，设立了虚假诉讼罪。

虚假诉讼多发的案件类型为财产纠纷案件，主要以民间借贷、离婚析产、以物抵债、公司分立（合并）、企业破产最为常见。民事虚假诉讼往往具有以下特点：当事人配合默契、诉讼进程顺利；伪造证据或者虚构事实；多以调解方式结案等。这导致人民法院在庭审中审查涉虚假诉讼案件陷入困境，尤其是涉虚假诉讼案件的证据审查认定问题尤为棘手。鉴于证据审查认定对于揭露虚假诉讼事实的基础性作用，需要理论结合实践进行深入的探讨与分析。

二、基本案情介绍

（一）辽宁高院一审情况及相关证据

1. 辽宁高院一审及判决情况

原告：欧宝公司

被告：特莱维公司

原告诉讼请求：请求法院判令特莱维公司返还借款本金 8650 万元及利息，并承担本案诉讼费用。

事实与理由：2007 年 7 月至 2009 年 3 月，欧宝公司与特莱维公司先后签订了9份借款合同,约定特莱维公司向欧宝公司共借款8650万元,约定利息为同年贷款利率的4倍,并约定借款用途只限于特莱维国际花园房地产项目。此外,上述借款合同均约定,借款人特莱维公司以特莱维国际花园的土地以及地上物等公司全部财产作为抵押,借款人如不能按时偿还借款本金,除按约定归还本金及利息外,从借款日起按日千分之五加收违约金,上述所列资产不足以清偿本金时,出借方保留追究借款方其他资产的权利,但双方未办理抵押登记。借款合同签订后,欧宝公司告后向特莱维公司共汇款10笔,将约定款项全部付给了特莱维公司,共计8650万元。由于特莱维公司均未能依约偿还,欧宝公司向辽宁高院提起诉讼。

特莱维公司辩称:对欧宝公司起诉的事实予以认可,全部借款已投入到特莱维国际花园房地产项目,由于房屋滞销,暂时无力偿还借款本息。

一审诉讼期间,欧宝公司于2010年6月22日向辽宁高院提出财产保全申请,辽宁法院裁定采取保全措施并执行。

辽宁高院在一审中对双方签订的借款合同予以确认,支持了欧宝公司要求特莱维公司立即偿还欠款的诉求,将特莱维公司应给付欧宝公司的利息调整至中国人民银行规定的同期贷款利息。判令特莱维公司于判决生效后10日内偿还欧宝公司借款本金及利息。案件诉讼费和保全费由特莱维公司承担。

2. 一审相关证据及事实

欧宝公司曾与特莱维公司共签订9份借款合同,分别为:2007年7月23日签订借款金额为400万元的《借款合同》(还款日为2008年7月23日);2007年9月2日签订借款金额为300万元的《借款合同》(还款日为2008年9月2日);2008年5月29日签订借款金额为850万元的《借款合同》(还款日为2009年6月1日);2008年8月27日签订借款金额为1800万元的《借款合同》(还款日为2009年8月27日);2008年11月30日签订借款金额为2500万元的《借款合同》(还款日为2009年11月30日);2008年10月20日签订借款金额为1900万元的《借款合同》(还款日为2010年10月30日);2009年1月9日签订借款金额为300万元的《借款合同》(还款日为2010年7月12日);2009年1月14日签订借款金额为300万元的《借款合同》(还款日为 2010 年 7 月 16 日）；2009 年 3 月 25 日签订借款金额为 300 万元的《借款合同》（还款日为 2010 年 9 月 27 日）。

以上借款合同均约定，借款人特莱维公司以特莱维国际花园 33158.26 平方米的土地以及地上物等公司全部财产作为抵押，其如不能按时偿还借款本金，除按约定归还本金及利息外，从借款日起按日千分之五加收违约金，上述所列资产不足以清偿本金时，出借方保留追究借款方其他资产的权利，但双方未办理抵押登记。以上借款本金总计为 8650 万元，约定利息均为同年贷款利率的 4 倍。

欧宝公司在合同签订后，通过中国建设银行分别于 2007 年 7 月 24 日汇款 400 万元、2007 年 9 月 3 日汇款 300 万元、2008 年 6 月 2 日汇款 850 万元、2008 年 8 月 28 日汇款 1800 万元、2008 年 10 月 30 日汇款 1900 万元、2008 年 12 月 9 日汇款 1900 万元、2008 年 12 月 24 日汇款 600 万元、2009 年 1 月 12 日汇款 300 万元、2009 年 1 月 16 日汇款 300 万元、2009 年 3 月 27 日汇款 300 万元，将约定款项全部付给了特莱维公司。特莱维公司均未能依约偿还。

（二）辽宁高院再审情况及相关证据

1. 再审及判决情况

辽宁高院一审判决发生法律效力后，案外人谢 T 向辽宁高院提出申诉：特莱维公司与欧宝公司恶意串通，通过虚构债务的方式，恶意侵害特莱维国际花园房地产项目投资人谢 T 的合法权益，请求法院查明事实。辽宁高院于 2012 年 1 月 4 日作出（2012）辽立二民监字第 8 号民事裁定，再审本案。再审过程中，欧宝公司与特莱维公司的诉辩意见与一审诉辩意见相同。辽宁高院再审通过查明相关事实，认为欧宝公司提供的证据不足以证明诉讼双方之间存在真实的借款法律关系，欧宝公司要求特莱维公司偿还欠款及利息的诉讼请求，证据不足，不予支持。经辽宁高院审判委员会讨论决定，依照《证据规定》第二条、《民事诉讼法》第二百零七条的规定，判决："（一）撤销辽宁高院（2010）辽民二初字第 15 号民事判决；（二）驳回欧宝公司的诉讼请求。案件受理费 474300 元，保全费 5000 元，由欧宝公司负担。"

【注：鉴于虚假诉讼的事实认定极为困难，如何揭开虚假证据的面纱，还原案件事实

原貌，这不仅是虚假诉讼案件审理的核心，也是本教学案例重要的教学内容，故辽宁高院事实认定依据放在教学指导手册后的附录1呈现】

2. 再审相关证据

本案再审期间，原被告均未举示新证据。

案外人谢T提供的相关证据如下：

上海市第一中级人民法院（2008）沪一中民三（商）终字第426号民事判决书一份，该案系张×珍、贾×克诉翰皇公司、欧宝公司特许经营合同纠纷案，判决所列翰皇公司的法定代表人为王×新，欧宝公司和翰皇公司的委托代理人均系翰皇公司员工宗×光。

谢T于2013年6月19日向辽宁高院提出申请，请求对欧宝公司与特莱维公司的资金来源及支出情况进行审计，该院已依照相关程序进行摇号并委托某会计师事务所进行鉴定，后由于谢T未在规定时限缴纳鉴定费用，此鉴定委托于2014年1月8日被退回。

上述事实，有借款合同、电汇凭证、转账支票、工商档案、结婚证、房屋所有权证及土地使用权证、《开立单位银行结算账户申请书》、民事判决书、审计申请书、退卷函以及当事人陈述等证据在卷为证。

（三）最高人民法院二审情况

1. 最高人民法院二审及判决情况

上诉人欧宝公司不服辽宁高院再审判决，向最高人民法院提起上诉，最高人民法院第二巡回法庭依法受理此案。除了关于案涉借款合同真实性及另查明的事实外，二审审理中查明的事实与辽宁高院在再审程序中查明的事实相同。据此，最高人民法院认为，辽宁高院作出的（2012）辽审二民再字第13号民事判决认定的基本事实清楚，适用法律正确，判决结果应予维持。欧宝公司的上诉理由不能成立，对其上诉请求不予支持。因此，驳回上诉，维持原判，本判决为终审判决。

【注：鉴于虚假诉讼的事实认定极为困难，如何揭开虚假证据的面纱，还原案件事实原貌，这不仅是虚假诉讼案件审理的核心，也是本教学案例重要的教学内容，故最高人民法院的事实认定依据放在教学指导手册后的附录2呈现】

教学指导手册

一、教学具体目标

本教学案例主要就民事诉讼中涉虚假诉讼案件的特征以及识别，民事案件证据调查程序与审查认定，当事人举证责任与证明标准等内容进行讲授，内容涉及对《民事诉讼法》《中华人民共和国公司法》（以下简称《公司法》）、《中华人民共和国合同法》（以下简称《合同法》）、《中华人民共和国担保法》（以下简称《担保法》）、《中华人民共和国民法总则》（以下简称《民法总则》）等多部法律及相关司法解释的解读与适用。希望通过结合民事实体法与民事程序法的知识讲解，让学生学习和掌握相关的法律知识和法律技能，帮助学生了解民商事领域司法实务中虚假诉讼的特征与识别，培养学生的法律职业实践技能与逻辑推理能力。

通过"案例+知识点"的讲解方法，让学生学习和掌握以下知识技能：（1）借款合同的成立、生效与无效事由；（2）公司法人人格否认制度；（3）《民事诉讼法》及其司法解释对虚假诉讼的规定；（4）民事诉讼中法院依职权调查取证的适用情形与程序；（5）民事诉讼当事人举证责任与证明标准；（6）民事诉讼证据真实性、合法性与关联性的审查；（7）民事诉讼中财产保全的适用与程序；（8）案外人申请再审的程序；（9）裁判文书写作要点及说理分析；（10）模拟庭审演练技能等。

二、教学方法

由于本教学案例是一起名为借款合同、实为虚假诉讼的案件，其教学的重难点集中在如何通过证据分析，判断案件中是否存在虚假诉讼。因此在教学过程中，不宜将案件中法官对事实认定的过程直接陈述，而是通过给学生呈现基本事实和相关证据，让学生站在审判人员的立场，分析案件中借款合同关系存在异常的地方，然后引入虚假诉讼的审查与判断问题，启发学生们寻找相应的法律依据以及事实依据。最后，通过对最高人民法院判决书中说理部分的解读，帮助学生了解司法实务中如何判断是否构成虚假诉讼。在熟悉整个案情之后，通过模拟庭审演练的方式，把学生分为原告组、被告组、案外人组与法官组，锻炼学生的法律实践技能。

三、教学内容

（一）借款合同的成立、生效与无效事由

借款合同是借款人向贷款人借款，到期返还借款并支付利息的合同。借款合同的成立与生效存在区别，订立有效的借款合同是借款合同关系产生的前提。借款合同的成立首先需要合同当事人适格，其次需要标的符合法律规定，最后需要双方意思表示真实一致。借款合同的生效是指在借款合同成立后，当事人之间产生法律的约束力，要求当事人全面履行合同规定的义务。满足以下生效要件的借款合同方为生效的借款合同，首先，当事人具有合同缔约能力；其次，缔结合同原因合法，其中主要包括不涉及虚假诉讼；最后，合同标的合法，以及合同的形式符合法律的规定或当事人的约定。另外，我国《合同法》规定了合同无效的情形：无民事行为能力人签订的合同；恶意串通，损害国家、集体或第三人的利益；一方以欺诈、胁迫的手段订立合同，损害国家利益；以合法形式掩盖非法目的；违反法律、行政法规的强制性规定等。

（二）公司法人人格否认制度

我国在2005年修订的《公司法》中引入公司法人人格否认制度。我国《公司法》第二十条第三款："公司股东滥用公司法人独立地位和股东有限责任，逃避债务，严重损害公司债权人利益的，应当对公司债务承担连带责任。"《公司法》第六十三条："一人有限责任公司的股东不能证明公司财产独立于股东自己财产的，应当对公司债务承担连带责任。"这对公司法人人格否认制度在适用前提、范围等方面作出了规定，但是对实践中的关联企业逃避法律责任，转移资产损害债权人利益的行为没有明确规定。通过对关联企

业的认定,进一步比较、理解关联企业之间适用公司法人人格否认制度的审查,对关联企业法人人格否认制度案件相关问题进行梳理,这样可以进一步完善我国的公司法人人格否认制度,防止关联企业滥用公司法人独立地位逃避债务,损害债权人利益,规范关联企业的经营行为,营造良好的社会环境。

(三)《民事诉讼法》及其司法解释对虚假诉讼的规定

我国现行的《民事诉讼法》和最高人民法院《关于审理民间借贷案件适用法律若干问题的规定》以及相关民事诉讼司法解释都对虚假诉讼作出了相关规定。虚假诉讼是指双方当事人隐瞒事实、伪造相关证据、虚构法律关系,或与他人恶意串通,通过诉讼、仲裁等方式实现其逃避法律义务目的的行为。虚假诉讼严重侵害国家、集体和他人的合法权益,违背诚实信用原则,破坏了正常的司法秩序和良好的社会环境。我国《民事诉讼法》第十三条规定"民事诉讼应当遵循诚实信用原则",因此当事人必须本着诚实信用的原则行使自己的民事权利和诉讼权利,并且本法第一百一十二条、第一百一十三条规定了当事人之间、被执行人与他人恶意串通进行虚假诉讼的行为方式和法律后果。近些年来,我国对于虚假诉讼的打击和惩治力度越来越大,2016年的最高人民法院《关于防范和制裁虚假诉讼的指导意见》也针对虚假诉讼构建了全方位的制裁体系。

(四)民事诉讼中法院依职权调查取证的适用情形与程序

在民事诉讼中,人民法院应当调查收集的证据有两种:一是当事人及其诉讼代理人因客观原因不能自行收集的证据;二是人民法院认为审理案件需要的证据。《民事诉讼法司法解释》将"人民法院认为审理案件需要的证据"明确为:(1)涉及可能损害国家利益、社会公共利益的事实;(2)涉及依职权追加当事人、中止诉讼、终结诉讼、回避等与实体争议无关的程序事项;(3)民事诉讼涉及身份关系的;(4)在公益诉讼中需要调取证据时;(5)民事诉讼中存在一方当事人通过恶意串通手段损害另一方当事人合法权益的可能时。该解释还规定了如遇到上述需要法院调查取证的情形,法院应当依职权调查取证,并且在必要情况下,法院可依据申请或职权进行现场勘验。同时《证据规定》第十七条也规定:"符合下列条件之一的,当事人及其诉讼代理人可以申请人民法院调查收集证据:(一)申请调查收集的证据属于国家有关部门保存并须人民法院依职权调取的档案材料;(二)涉及国家秘密、商业秘密、个人隐私的材料;(三)当事人及其代理人确因客观原因不能收集的其他材料。"

民事诉讼程序中奉行"当事人主义"原则,即一般情况下法院不主动调查取证,仅作为居中裁判者对当事人主张的事实和提交的证据进行裁判,且对当事人自认的事实大多予以采信。上述原则容易被相互串通的当事人利用,以诱使法院作出错误判决。此外,在有案外人的情况下,由于案外人不是虚假诉讼的一方当事人,对虚假诉讼的真实情况和相关证据难以掌握,举证难度较大,因此法院依照职权主动取得有关证据,对甄别虚假诉讼案有重要作用。

(五)民事诉讼当事人举证责任与证明标准

《民事诉讼法》第六十四条规定:"当事人对自己提出的主张,有责任提供证据。"根据此条的规定,当事人在民事诉讼中对自己所主张的事实,有提供证据加以证明的责任,即"谁主张,谁举证"。《证据规定》第二条规定:"当事人对自己提出的诉讼请求所依据的事实或者反驳对方诉讼请求所依据的事实有责任提供证据加以证明。没有证据或者证据不足以证明当事人的事实主张的,由负有举证责任的当事人承担不利后果。"根据《民事诉讼法》第七条"人民法院审理民事案件,必须以事实为根据,以法律为准绳"的规定,长期以来,学界一直认为我国实行的是事实清楚、证据确实充分的"客观真实"的证明标准。《证据规定》第七十三条规定:"双方当事人对同一事实分别举出相反的证据,但都没有足够的依据否定对方证据的,人民法院应当结合案件情况,判断一方提供证据的证明力是否明显大于另一方提供证据的证明力,并对证明力较大的证据予以确认。因证据的证明力无法判断导致争议事实难以认定的,人民法院应当依据举证责任分配的规则作出裁判。"这确立了"明显优势证据"的证明标准,也有人认为是"高度盖然性"的证明标准,实际上是从追求"客观真实"到追求"法律真实"的转变。高度盖然性的证明标准规范了民事诉讼中法官对一般案件如何审查认定证据以达到法律真实的证明要求。

而我们通过本教学案例可知，高度盖然性的证明标准并不能有效规范虚假诉讼，虚假诉讼证据证明标准的设置和实际掌握的宽严，在一定程度上决定着案件的实体处理结果，因此根据各方诉讼主张合理确定证明标准对防止虚假诉讼的发生尤为重要。在民事诉讼中，欺诈、胁迫、恶意串通类案件的证明标准尚且需达到排除合理怀疑的程度，其证明责任才会发生转移。那么，虚假诉讼中当事人存在恶意串通，主张法律事实发生的一方当事人应承担较高、较严的证明标准，即"排除合理怀疑"。对于恶意串通虚假诉讼事实进行认定应系对实体事实的认定，应坚持严格的证明标准，即确定性、唯一性。也就是说据以认定恶意串通虚假诉讼的证据都已经查证属实；每个证据必须与待查的恶意串通虚假诉讼事实之间存在客观联系，具有证明力；所有证据在总体上已足以对存在恶意串通虚假诉讼事实得出确定无疑的结论，而排除其他一切可能性。

（六）民事诉讼证据真实性、合法性与关联性的审查

在民事诉讼中，要注意对证据进行真实性、合法性和关联性的审查。审查某种证据能否作为定案的依据，关键在于它与案件事实有没有必然的联系或因果关系，在虚假诉讼案件中，尤其应当对证据的真实性进行审查。《证据规定》第五十条规定："质证时，当事人应围绕证据的真实性、关联性、合法性，针对证据证明力有无以及证明力大小，进行质疑、说明和辩驳。"证据应具备真实性，其有两方面的要求：一是证据的形式要真实；二是证据的内容要真实。证据应具备关联性，其主要指呈现在法庭上的证据必须与待证事实有着客观的联系，这是证据进行质证的首要条件。证据和案件事实之间的联系是各种各样的，如空间联系、条件联系、时间联系等。如果案件事实处于真伪不明状态，法庭向当事人说明举证的范围时，应从证据的关联性入手，要求当事人提供的证据和待证事实必须有着因果、时间等联系。只有此种证据才能有效查明案件事实。证据应具备合法性，即证明待证事实的证据必须符合法律规定。具体体现在：一是证据必须符合法律规定的形式要求。如果

存在与案件相关的资料，但不属于法律规定的证据种类，则不能将其视为合法证据。二是收集证据的方式应当符合法律规定。不能采用以侵犯他人身体、住所等方法取得的证据。三是证据的来源应当合法。只有合法来源的证据才可作裁判依据。审判过程中应从上述三个角度进行证据的合法性审查，逐一核实。

（七）民事诉讼中财产保全的适用与程序

财产保全作为一项特殊的民事诉讼程序，是指由当事人在诉讼前或诉讼中向人民法院提出申请而启动的，或由具有管辖权的人民法院依照职权而启动的，通过扣押、查封债务人的财产等手段阻碍其对财产进行转移、隐匿或者毁损，以保证将来判决得以顺利执行的临时性救济措施。《民事诉讼法》第一百零一条第一款规定："利害关系人因情况紧急，不立即申请保全将会使其合法权益受到难以弥补的损害的，可以在提起诉讼或者申请仲裁前向被保全财产所在地、被申请人住所地或者对案件有管辖的人民法院申请采取保全措施。申请人应当提供担保，不提供担保的，裁定驳回申请。"当事人申请诉前财产保全的，必须提供财产担保，否则法院将会驳回其保全申请；当事人申请诉中财产保全的，法院根据案件需要作出当事人是否需要提供担保的裁判，但是在实践中法院几乎要求所有的财产保全申请人提供担保以规避审查错误的责任。同时《民事诉讼法》第一百条规定，当事人没有提出申请的，人民法院在必要时也可以裁定采取保全措施。对于诉讼财产保全的申请，一般以当事人的申请为原则，但是法院仍然可以在必要时依照职权作出财产保全的裁定。根据我国《民事诉讼法》的规定，法院对当事人提供的财产保全申请进行形式审查后于一定的期限内作出是否保全的裁定。

（八）案外人申请再审的程序

案外人申请再审是指当案外人的合法权益受到已生效判决的损害时，可以依照相关的法律规定，向人民法院提出再审申请的救济措施。案外人的申请再审根据执行程序中和执行程序外可以分为两种，即执行程序中的案件人申请再审和执行程序外的案件人申请再审。《民事诉讼法》第二百二十七条规定:"在执行过程中,案外人对执行标的提出书面异议的,人民法院应当自收到书面异议之日起十五日内审查,理由成立的,裁定中止对该标的的执行;理由不成立的,裁定驳回。案外人、当事人对裁定不服,认为原判决、裁定错误的,依照审判监督程序办理;与原判决、裁定无关的,可以自裁定送达之日起十五日内向人民法院提起诉讼。"执行程序外的案件人申请再审,依据最高人民法院《关于适用〈中华人民共和国民事诉讼法〉审判监督程序若干问题的解释》的规定,案外人对原判决、裁定、调解书确定的执行标的物主张权利,且无法提起新的诉讼解决争议的,可以在判决、裁定、调解书发生法律效力后二年内,或者自知道或应当知道利益被损害之日起三个月内,向作出原判决、裁定、调解书的人民法院的上一级人民法院申请再审。在一般情况下判决约束的只是案件双方当事人,只有在某些特定情况下,效力会及于案外人,这有利于案件纠纷的解决,是现代民事诉讼理论体系中不可或缺的部分。

四、重点、难点问题

本教学案例案情较为复杂,经历了一审、再审和二审三个诉讼阶段,历时五年之久,案例涉及的自然人和法人较多,涉及的企业间的资金流转比较繁多复杂。但本案教学的重难点问题比较突出,一是借款合同关系是否真实存在且有效,是否存在虚假诉讼;二是对诉讼中证据真实性的审查与认定。

(一)借款合同关系是否真实存在且有效,是否存在虚假诉讼

首先,关于借款合同关系是否真实存在且有效。这个问题涉及民事实体法的相关规定,在教学中要带领学生回顾我国《合同法》总则部分与《民法总则》中有关合同成立、生效与无效的法律规定,以及《合同法》分则中"借款合同"的特殊规定。此外,由于本案属于企业间的借贷,属于民间借贷的范畴,可以结合最高人民法院《关于审理民间借贷案件适用法律若干问题的规定》第十四条、第十九条以及第二十条对借款合同是否真实存在且有效进行讲解。结合本案最高人民法院的裁判说理,可以知道在判断借款合同关系是否真实存在且有效时,应严格审查借贷发生的原因、时间、地点、款项

来源、交付方式、款项流向以及借贷双方的关系、经济状况等事实，结合案件中的相关证据进行综合考量。

其次，关于是否存在虚假诉讼。虽然我国《民事诉讼法》第一百一十二条、第一百一十三条分别规定了诉讼当事人、被执行人与他人恶意串通，进行虚假诉讼的行为方式和法律后果，但规定得较为抽象，对于缺乏司法实践经验的学生们理解起来有困难。2016年6月颁布的最高人民法院《关于防范和制裁虚假诉讼的指导意见》对虚假诉讼的特征要素、司法审判中如何防范和制裁虚假诉讼规定得更为具体，便于学生掌握。虚假诉讼往往具有以下特征要素：（1）以规避法律、法规或国家政策谋取非法利益为目的；（2）双方当事人存在恶意串通；（3）虚构事实；（4）借用合法的民事程序；（5）侵害国家利益、社会公共利益或者案外人的合法权益。在讲解该问题时，通过将上述特征要素结合对本案例进行分析，能够帮助学生充分了解虚假诉讼的特征与防范措施，达到锻炼学生法律专业技能的目的。

（二）诉讼中证据真实性的审查与认定

虚假诉讼案件中由于双方当事人相互串通，有目的地虚构事实、伪造证据，从表面上看，当事人提交的证据能够相互印证（如《借款合同》、银行转款记录），很难发现其中的破绽，难以识别虚构的事实和伪造的证据。基于此，也考虑到案外人举证难度大的情况，需要法院依职权主动调查证据，查明案件事实。《民事诉讼法》第六十四条第二款规定了法院调查收集证据的两种情形：其一，法院认为审理案件有必要的；其二，当事人或诉讼代理人因客观的原因不能自行收集证据的。最高人民法院进一步解释了上述第一种情形，其主要包括：一是涉及身份关系的；二是涉及民事诉讼法第五十五条规定诉讼的；三是涉及依职权追加当事人、回避、中止及终结诉讼等程序性事项；四是可能侵害国家利益和社会利益的；五是当事人有恶意串通侵害他人合法权益可能的。虚假诉讼存在当事人恶意串通侵害他人合法权益的情形，法院应当主动依职权调查取证。

对证据真实性的审查，可以分为两个方面：实物证据的真实性审查和言词证据的真实性审查。就实物证据而言，可以通过鉴真的方式进行审查判断：

一是审查证据的来源是否为原件、原物，复制件、复制品是否与原件、原物相符；二是审查证据的形成时间，以及庭审出示的证据是否与形成之时的相一致；三是借助司法鉴定或者专家辅助人对证据的真实性进行鉴别。就言词证据而言，一方面可以通过常理和逻辑进行判断，另一方面可以对当事人陈述以及证人证言进行验证。虚假诉讼案件中，法院应该就民事法律关系发生的原因、时间、地点、履行能力、履行情况等细节进行细致询问，寻找言词证据是否存在逻辑漏洞。

五、教学预期效果

本教学案例案情较为复杂，学生通过阅读和教师指导，要能够归纳案件争议的焦点问题及教学内容中关于借款合同的成立、生效与无效事由，公司法人人格否认制度，民事诉讼法及司法解释对虚假诉讼的规定，民事诉讼中法院依职权调查取证的适用情形与程序，民事诉讼当事人举证责任与证明标准等基本问题。但教学内容中所涉及的民事诉讼证据真实性、合法性与关联性的审查，民事诉讼中财产保全的适用与程序，案外人申请再审的程序等问题相对复杂，需要教师深入讲解，并引导学生对延伸阅读中的著作和类似案例材料进行研究，这样才能真正掌握相关问题并举一反三。

六、教学课时安排

本案例可以作为专门的案例教学课来进行，整个案例教学课的课堂安排为9个课时，每课时45分钟。

七、课堂教学计划

1. 课前计划

安排学生自行阅读案例及延伸阅读中的著作，对案例所涉及问题进行思考，撰写实践题答案。

2. 课中计划

（1）介绍教学目的，明确讨论主题；

（2）分组讨论，回答各项思考题，讨论实践题的撰写要点；

（3）小组代表提出撰写要点，学生讨论和分析；

（4）教师归纳总结。

3. 课后计划

让学生进一步思考虚假诉讼相关问题，并安排学生围绕案例撰写完整的裁判文书、模拟庭审演练技能等。

八、思考题和实践题

1. 思考题

（1）简述借款合同无效的法定事由。

（2）结合本案，分析虚假诉讼的特点及成因？

（3）分析本案法官是如何认定本案属于虚假诉讼的？

（4）结合本案，分析如何对实物证据和言词证据的真实性进行审查？

（5）简述案外人遭遇虚假诉讼的救济措施？

（6）分析公司法人人格否认制度在本案中的体现。

（7）分析本案中当事人及案外人的举证责任。

（8）谈谈你认为在司法实践中应该采取哪些措施防范虚假诉讼。

（9）我国《刑法修正案》（九）规定了"虚假诉讼罪"，虚假诉讼案件的民刑程序是如何衔接的？结合"武汉乙投资公司等骗取调解书虚假诉讼监督案"（检例第53号），谈谈检察院在虚假诉讼案件中的监督作用。（案例见附录4）

2. 实践题

（1）假设你是本案主审法官，请谈谈你认为本案属于虚假诉讼的理由。

（2）假设你是本案申诉人谢T的代理律师，请你代申诉人撰写一份《再审申请书》。

（3）假设你是本案申诉人谢T的代理律师，请代申诉人撰写一份《申请法院调查取证申请书》，并简要写明需要调查哪些证据。

九、参考文献

1. 安天甲：《民间借贷疑难解答与实务指导》，中国法制出版社 2018 年版。

2. 宋朝武：《民事诉讼法学》，厦门大学出版社 2015 年版。

3. 马贤兴：《虚假诉讼防治的理论与实践》，人民法院出版社 2015 年版。

4. 周虹、罗恬漩：《虚假诉讼防控与治理研究》，中国检察出版社 2017 年版。

5. 何家弘、刘品新：《证据法学》，法律出版社 2019 年版。

附 录

附录1：辽宁高院再审查明虚假诉讼的相关事实依据

1. 欧宝公司与特莱维公司借款情况

再审对欧宝公司与特莱维公司借款的基本情况认定与一审一致，但对于借款情况查明了新的事实，在双方的借款合同签订后，欧宝公司先后共汇款10笔，计8650万元，而特莱维公司却在收到汇款的当日或几日后立即将其中的6笔转出，共计转出7050万余元。其中5笔转往翰皇公司，共计6400万余元。此外，欧宝公司在要求特莱维公司还款的一审期间，仍向特莱维公司转款3笔，计360万元。

2. 案件所涉法人及人员情况（见附录3）

欧宝公司：2005年9月13日成立，当时股东有2人，为李X革、曲X梅，法定代表人是李X革。2008年5月28日公司经股权转让和增加注册资本，股东变更为8人，其中曲X丽出资885万元，持股比例73.75%；姜X琪出资24万元，持股比例2%；宗X光出资24万元，持股比例2%。同时，法定代表人变更为宗X光。

特莱维公司：2006年1月12日成立，法定代表人王X新，翰皇公司出资1800万元，出资比例90%；王Y出资200万元，出资比例10%。2010年8月16日法定代表人变更为姜X琪。工商档案记载，该公司在变更登记时，领取执照人签字处由刘X君签字，而刘X君又是本案一审诉讼期间欧宝公司的委托代理人，身份系欧宝公司的员工。

翰皇公司：前身为上海特莱维化妆品有限公司，2002年3月26日成立。王X新出资200万元，出资比例67%；曲X丽出资100万元，出资比例33%；法定代表人为王X新。同年10月28日，变更为王X新出资200万元，出资比例67%；王Y出资100万元，出资比例33%。2004年10月10日公司更名为翰皇公司，公司登记等手续委托宗X光办理，2011年7月5日该公司注销。

王 X 新与曲 X 丽系夫妻关系。

3. 财产保全情况

本案在一审诉讼期间，欧宝公司于 2010 年 6 月 22 日向辽宁高院提出财产保全申请，要求查封、扣押、冻结特莱维公司 5850 万元的财产，特莱维公司股东王 Y 以其所有的两处房产为欧宝公司担保。

辽宁高院再审认为，本案的争议焦点为欧宝公司与特莱维公司之间是否存在真实的借款关系。对此，法院有以下几点判断：

其一，欧宝公司与特莱维公司的借款情况不符合常理。

借款合同签订后，欧宝公司先后汇款 10 笔给特莱维公司，而特莱维公司却在收到汇款的当日或几日后立即将其中的 6 笔转出，其中 5 笔转往翰皇公司。这足以证明特莱维公司并未将所借款项用于特莱维国际花园房地产项目，借款立即转走，有悖借款目的，不符合常理。欧宝公司在要求特莱维公司还款的一审期间，仍向特莱维公司转款 360 万元，欧宝公司作为原告起诉特莱维公司偿还欠款，却在此期间仍然向特莱维公司转款，也不符合常理。欧宝公司提出财产保全申请，要求查封、扣押、冻结特莱维公司 5850 万元的财产，而特莱维公司的股东王 Y 却以自己的房产为欧宝公司提供担保，亦不符合常理。

其二，欧宝公司与特莱维公司之间存在人员混同、办公地点同一的情形。

欧宝公司的股东姜 X 琪是特莱维公司的法定代表人，欧宝公司的法定代表人宗 X 光是特莱维公司大股东翰皇公司的工作人员。特莱维公司的员工刘 X 君在本案一审期间作为欧宝公司的委托代理人，其身份系欧宝公司的员工。

其三，王 X 新夫妻对特莱维公司、欧宝公司、翰皇公司具有完全的控制权。

根据工商档案的记载，可以看出特莱维公司的股东是翰皇公司和王 Y，翰皇公司占 90% 的股份，而翰皇公司的股东是王 X 新、王 Y，王 X 新占 67% 的股份，据此可以判定王 X 新对特莱维公司具有绝对的控制权。而王 X 新的妻子曲 X 丽持有欧宝公司 73.75% 的股份，对欧宝公司具有绝对的控制权。

综上，不足以认定双方之间存在真实的借款法律关系。判决撤销一审判决，驳回欧宝公司的诉讼请求。案件受理费和保全费由欧宝公司负担。

附录2：最高人民法院二审事实认定依据及裁判说理

上诉人欧宝公司不服辽宁高院再审一审判决，向最高人民法院提起上诉，最高人民法院第二巡回法庭依法受理此案。除了关于案涉借款合同真实性及另查明的事实外，二审审理中查明的事实与辽宁高院在再审程序中查明的事实相同。最高人民法院另查明以下事实。

1. 关于欧宝公司和特莱维公司之间关系的事实

欧宝公司申请执行后，除谢T外，特莱维公司的其他债权人A公司、B建筑安装工程总公司、C建筑安装工程总公司也先后以提交执行异议或者通过人大代表申诉等形式，向辽宁高院反映欧宝公司与特莱维公司虚构债权进行虚假诉讼，损害建设工程承包人债权的情况。

翰皇公司的清算组成员由王X新、王Y、姜X琪担任，王X新为负责人；清算组在成立之日起10日内通知了所有债权人，并于2011年5月14日刊登了注销公告。王X新与王Y系兄妹关系。

2. 关于欧宝公司与案涉公司之间资金往来的事实

欧宝公司自2006年3月8日起与案涉公司，即与特莱维公司、翰皇公司均有大笔资金往来，用途多为"货款""借款"和"还款"，具体的交易明细显示，三个公司的账户还存在同时间段以"借款""往来款"的名义进行资金转入与转出。欧宝公司和特莱维公司均承认，欧宝公司的账户由王X新控制。

最高人民法院认为，人民法院应当保护合法的借贷关系，同时，对于恶意串通进行虚假诉讼，意图损害他人合法权益的行为，应当进行制裁。具体到本案而言，涉及争议的焦点问题有二：一是欧宝公司与特莱维公司之间是否存在关联关系；二是欧宝公司和特莱维公司就争议的8650万元是否存在真实的借款关系。分析如下：

（1）关于欧宝公司与特莱维公司之间是否存在关联关系的问题。

本案中，曲X丽为欧宝公司的控股股东，王X新是特莱维公司的原法定代表人，也是案涉合同签订时特莱维公司的控股股东翰皇公司的控股股东和法定代表人,王X新与曲X丽系夫妻关系,说明欧宝公司与特莱维公司由夫妻二人控制。欧宝公司称该两人已经离婚,却未提供民政部门的离婚登记或者人民法院的生效法律文书。虽然辽宁高院受理本案诉讼后,特莱维公司的法定代表人由王X新变更为姜X琪,但姜X琪向本院出具并经当庭质证的书面申请表明,王X新依然是特莱维公司的实际控制人。可见,欧宝公司与特莱维公司之间存在关联关系。

欧宝公司与特莱维公司及其他关联公司之间还存在人员混同的问题。姜X琪既是欧宝公司的股东和董事,又是特莱维公司的法定代表人,同时,还参与翰皇公司的清算。宗X光既是欧宝公司的法定代表人,又是翰皇公司的工作人员。欧宝公司、特莱维公司以及关联公司的人员之间并未严格区分,均听从共同控制人王X新夫妻的调配。

(2)关于欧宝公司和特莱维公司是否存在真实借款关系的问题。

在当事人之间存在关联关系的情况下,为防止恶意串通提起虚假诉讼,损害他人合法权益,人民法院对其之间是否存在真实的借款法律关系,必须严格审查。

欧宝公司提起诉讼,虽然提供了借款合同及转款凭证,但其自述及提交的证据和其他在案证据之间存在无法消除的矛盾,当事人在诉讼前后的诸多行为违背常理,主要表现为以下七个方面:

第一,从借款合意形成过程来看,借款合同存在虚假的可能。欧宝公司和特莱维公司对借款法律关系的要约与承诺的细节事实叙述不清,尤其是作为债权人欧宝公司的法定代表人、自称是合同经办人的宗X光对所有借款合同的签订时间、地点、每一合同的己方及对方经办人等细节,语焉不详。案涉借款每一笔均为大额借款,当事人对所有合同的签订细节,甚至大致情形均陈述不清,于理不合。

第二,从借款的时间上看,当事人提交的证据前后矛盾。欧宝公司提及的借款合同表明,欧宝公司自2007年7月开始与特莱维公司发生借款关系,但从两个公司的银行账户交易明细看,在2006年12月之前,仅欧宝公司的账户就发生过两笔高达1100万元的转款,均以"借款"名义转入特莱维公司账户。

第三，从借款的数额上看，当事人的主张前后矛盾。

第四，从资金往来情况看，欧宝公司存在单向统计账户流出资金而不统计流入资金的问题。

第五，从所有关联公司之间的转款情况看，存在双方或者多方账户循环转款问题。将欧宝公司、特莱维公司、翰皇公司之间的账户对照检查，存在特莱维公司将己方款项转入翰皇公司账户过桥欧宝公司账户后，又转回特莱维公司账户，造成虚增借款的现象。

第六，从借款的用途看，与合同约定相悖。《借款合同》第二条约定，借款限用于特莱维国际花园房地产项目，但是案涉款项转入特莱维公司账户后，该公司随即将大部分款项以"借款""还款"等名义分别转给翰皇公司。

第七，从欧宝公司和特莱维公司及其关联公司在诉讼和执行中的行为来看，与日常经验相悖。欧宝公司提起诉讼后，依然与特莱维公司互相转款；特莱维公司不断向欧宝公司账户转入巨额款项，但在诉讼和执行程序中却未就还款金额对欧宝公司的请求提出任何抗辩；欧宝公司向辽宁高院申请财产保全，特莱维公司的股东王Y却以其所有的房产为本应是利益对立方的欧宝公司提供担保；欧宝公司和特莱维公司当庭自认，欧宝公司的银行账户都由王X新控制。

针对上述矛盾和违反常理之处，欧宝公司与特莱维公司均未作出合理解释。由此可见，欧宝公司没有提供足够的证据证明其就案涉争议款项与特莱维公司之间存在真实的借贷关系。而且，从调取的欧宝公司、特莱维公司及其关联公司账户的交易明细发现，欧宝公司、特莱维公司以及其他关联公司之间、同一公司的不同账户之间随意转款，款项用途随意填写，结合在案其他证据，最高人民法院确信，欧宝公司诉请之债权系截取其与特莱维公司之间的往来款项虚构而成，对其以虚构债权为基础请求特莱维公司返还8650万元借款及利息的请求不应予以支持。

至于欧宝公司与特莱维公司提起本案诉讼是否存在恶意串通损害他人合法权益的问题。首先，无论欧宝公司还是特莱维公司，对特莱维公司与一审申诉人谢T及其他债权人的债权债务关系是明知的。欧宝公司通过司法程序进行保护性查封以阻止其他债权人对特莱维公司财产的受偿。以虚构债权而兴讼不止,恶意昭然若揭。其次,从欧宝公司与特莱维公司人员混同、银行账户同为王X新控制的事实可知,欧宝公司与特莱维公司已经失去了公司法人所具有的独立人格,两公司既同属一人,以一人而充任两造,恶意之勾连不证自明。

最终,最高人民法院判决驳回上诉,维持原判,同时对欧宝公司和特莱维公司的虚假诉讼行为各处50万元罚款。

该案是最高人民法院认定的第一起虚假民事诉讼案。人大代表、新闻媒体、在校学生等近200人观摩了庭审,认为该案公正判决和罚款决定表明了最高人民法院维护司法公正和诉讼诚信的决心。案件宣判后,两当事人的实际控制人王×新和欧宝公司法定代表人宗X光承认本案系两人共同策划,对制造虚假诉讼的行为表示认错悔过,同时表示尊重判决,自觉履行罚款决定。

附录3：案件所涉公司、人物关系图

公司名称	成立时间	原法定代表人	法定代表人变更	原股东情况	股东变更	其他
欧宝公司	2005年9月	李X革	宗X光	李X革、曲X梅	变更为8人，曲X丽（持股比例73.25%），姜X琪（持股比例2%），宗X光（持股比例2%）	无
特莱维公司	2006年1月	王X新	姜X琪	翰皇公司（出资比例90%），王Y（出资比例10%）	无	刘X君（既负责特莱维公司的工作，又是欧宝公司员工）
翰皇公司	2002年3月	王X新	无	王X新（持股比例67%），曲X丽（持股比例33%）	王X新（持股比例67%），王Y（持股比例33%）	王X新与曲X丽为夫妻

附录4：最高人民检察院第十四批指导案例（虚假诉讼监督）

武汉乙投资公司等骗取调解书虚假诉讼监督案

（检例第53号）

【关键词】

虚假调解　逃避债务　民事抗诉

【要旨】

伪造证据、虚构事实提起诉讼，骗取人民法院调解书，妨害司法秩序、损害司法权威，不仅可能损害他人合法权益，而且损害国家和社会公共利益的，构成虚假诉讼。检察机关办理此类虚假诉讼监督案件，应当从交易和诉讼中的异常现象出发，追踪利益流向，查明当事人之间的通谋行为，确认是否构成虚假诉讼，依法予以监督。

【基本案情】

2010年4月26日，甲商贸公司以商品房预售合同纠纷为由向武汉市蔡甸区人民法院起诉乙投资公司，称双方于2008年4月30日签订《商品房订购协议书》，约定甲商贸公司购买乙投资公司天润工业园项目约4万平方米的商品房，总价款人民币7375万元，甲公司支付1475万元定金，乙投资公司于收到定金后30日内完成上述项目地块的抵押登记注销，双方再签订正式《商品房买卖合同》。协议签订后，甲商贸公司依约支付定金，但乙投资公司未解除土地抵押登记，甲商贸公司遂提出四起商品房预售合同纠纷诉讼，诉请判令乙投资公司双倍返还定金，诉讼标的额分别为700万元、700万元、750万元、800万元，共计2950万元。武汉市蔡甸区人民法院受理后，适用简易程序审理、以调解方式结案，作出（2010）蔡民二初字第79号、第80号、第81号、第82号民事调解书，分别确认乙投资公司双倍返还定金700万元、700万元、750万元、800万元，合计2950万元。甲商贸公司随即向该法院申请执行，领取可供执行的款项2065万元。

【检察机关监督情况】

线索发现　2015年，武汉市人民检察院接到案外人相关举报，经对上述案件进行审查，初步梳理出如下案件线索：一是法院受理异常。双方只签订有一份《商品房订购协议书》，甲商贸公司却拆分提出四起诉讼；甲商贸公司已支付定金为1475万元，依据当时湖北省法院案件级别管辖规定，基层法院受理标的额在800万元以下的案件，本案明显属于为回避级别管辖规定而拆分起诉，法院受理异常。二是均适用简易程序由同一名审判人员审结，从受理到审理、制发调解书在5天内全部完成。三是庭审无对抗性，乙投资公司对甲商贸公司主张的事实、证据及诉讼请求全部认可，双方当事人及代理人在整个诉讼过程中陈述高度一致。四是均快速进入执行程序、快速执结。

调查核实　针对初步梳理的案件线索，武汉市人民检察院随即开展调查核实。第一步，通过裁判文书网查询到乙投资公司作为被告或被执行人的案件在武汉市蔡甸区人民法院已有40余件，总标的额1.3亿余元，乙投资公司已经资不抵债；第二步，通过银行查询执行款流向，发现甲商贸公司收到2065万元执行款后，将其中1600万元转账至乙投资公司法定代表人方某的个人账户，320万元转账至丙公司、丁公司；第三步，通过查询工商信息，发现方某系乙投资公司法定代表人，而甲、乙、丙、丁四公司系关联公司，实际控制人均为成某某；第四步，调阅法院卷宗，发现方某本人参加了四起案件的全部诉讼过程；第五步，经进一步调查方某个人银行账户，发现方某在本案诉讼前后与武汉市蔡甸区人民法院民二庭原庭长杨某某之间存在金额达100余万元的资金往来。检察人员据此判断该四起案件可能是乙投资公司串通关联公司提起的虚假诉讼。经进一步审查发现，甲商贸公司、乙投资公司的实际控制人成某某通过受让债权取得乙投资公司80%的股权，后因经营不善产生巨额债务，遂指使甲商贸公司，伪造了以上《商品房订购协议书》，并将甲商贸公司其他业务的银行资金往来明细作为支付定金1475万元的证据，由甲商贸公司向武汉市蔡甸区人民法院提起诉讼，请求"被告乙投资公司双倍返还定金2950万元"，企图达到转移公司资产、逃避公司债务的非法目的。该院民二庭庭长杨某某在明知甲、乙投资公司的实际控制人为同一人，且该院对案件无管辖权的情况下，主动建议甲商贸公司将一案拆分为4个案件起诉；案件转审判庭后，杨某某向承办法官隐瞒上述情况，指示其按照简易程序快速调解结案；进入执行后，杨某某又将该案原、被告公司的实际控制人为同一人的情况告知本院执行二庭原庭长童某，希望快速执行。在杨某某、童某的参与下，案件迅速执行结案。

监督意见 2016年10月21日，武汉市人民检察院就（2010）蔡民二初字第79号、第80号、第81号、第82号民事调解书，向武汉市中级人民法院提出抗诉，认为本案调解书认定的事实与案件真实情况明显不符，四起诉讼均系双方当事人恶意串通为逃避公司债务提起的虚假诉讼，应当依法纠正。首先，从《商品房订购协议书》的表面形式来看，明显与正常的商品房买卖交易惯例不符，连所订购房屋的具体位置、房号都没有约定；其次，乙投资公司法定代表人方某在刑事侦查中供述双方不存在真实的商品房买卖合同关系，四份商品房订购协议书系伪造，目的是通过双倍返还购房定金的方式转移公司资产，逃避公司债务；再次，在双方无房屋买卖交易的情况下，不存在支付及返还"定金"之说。证明甲商贸公司支付1475万元定金的证据是7张银行凭证，其中一笔600万元的汇款人为案外人戊公司；甲商贸公司陆续汇入乙投资公司875万元后，乙投资公司又向甲商贸公司汇回175万元，甲商贸公司汇入乙投资公司账户的金额实际仅有700万元，且属于公司内部的调度款。

监督结果 2018年1月16日，武汉市中级人民法院对武汉市人民检察院抗诉的四起案件作出民事裁定，指令武汉市蔡甸区人民法院再审。2018年11月19日，武汉市蔡甸区人民法院分别作出再审判决：撤销武汉市蔡甸区人民法院（2010）蔡民二初字第79号、第80号、第81号、第82号四份民事调解书；驳回甲商贸公司全部诉讼请求。2017年，武汉市蔡甸区人民法院民二庭原庭长杨某某、执行二庭原庭长童某被以受贿罪追究刑事责任。

【指导意义】

（1）对于虚假诉讼形成的民事调解书，检察机关应当依法监督。虚假诉讼的民事调解有其特殊性，此类案件以调解书形式出现，从外表看是当事人在处分自己的民事权利义务，与他人无关。但其实质是当事人利用调解书形式达到了某种非法目的，获得了某种非法利益，或者损害了他人的合法权益。

当事人这种以调解形式达到非法目的或获取非法利益的行为，利用了人民法院的审判权，从实质上突破了调解各方私益的范畴，所处分和损害的利益已不仅仅是当事人的私益，还妨碍司法秩序，损害司法权威，侵害国家和社会公共利益，应当依法监督。对于此类虚假民事调解，检察机关可以依照民事诉讼法的相关规定提出抗诉。

（2）注重对案件中异常现象的调查核实，查明虚假诉讼的真相。检察机关对办案中发现的异于常理的现象要进行调查，这些异常既包括交易的异常，也包括诉讼的异常。例如，合同约定和合同履行明显不符合交易惯例和常识，可能存在通谋的；案件的立、审、执较之同地区同类型案件异常迅速的；庭审过程明显缺乏对抗性，双方当事人在诉讼过程对主张的案件事实和证据高度一致的等。检察机关要敏锐捕捉异常现象，有针对性地运用调查核实措施，还案件事实以本来面目。

【相关规定】

《中华人民共和国民事诉讼法》第一百一十二条、第一百一十三条、第二百零八条、第二百一十条

《中华人民共和国刑法》第三百零七条之一

孙某某、亓某某非法吸收公众存款案

孙某某、亓某某非法吸收公众存款案
——刑事诉讼中电子证据的取证、举证、质证和认证问题
（刑事诉讼实务）

> 教学案例概览

　　摘　要：本教学案例以一起真实的刑事诉讼案例为蓝本，围绕电子证据的取证、举证、质证、认证过程，以电子数据的基础理论为起点，从了解何种证据可以纳入电子证据的范畴出发，分析电子证据所具有的与传统证据不同的特征属性，引出相关的刑事诉讼程序和刑事证据制度的内容，让学生学习电子证据取证应遵循的介质优先原则、义务提供原则、司法鉴定原则以及私权保护原则。同时，在掌握相关取证程序要求的基础上，熟悉电子证据的举证、质证方法和审查认证方法，最后通过一定的思考题与实践题进行知识巩固。本案对于解决刑事诉讼中电子证据相关问题具有参考意义。

　　关键词：电子证据；非法吸收公众存款罪；取证；举证；质证；认证

> 教学案例正文

一、案件相关背景

　　互联网时代，科技的发展和电子设备的普及推动了社会方方面面的变革，证据的电子数据化便是重要变革之一，以数字式计算机、互联网络和相关系

统为载体的电子证据的重要性和出现在各种类型的案件中的频率与日俱增，关乎着诉讼活动的效果乃至成败。而电子证据作为一种特殊形式的证据，有着与传统证据不同的特征，这就导致刑事诉讼中对于电子证据的运用出现了一些困难与挑战，集中表现在对该类证据收集提取方法和程序要求，以及对其真实性、完整性、合法性等基本属性的审查判断上。为了解决这一系列问题，2012 年修订的《刑事诉讼法》首次将"电子数据"作为独立的证据类型列出，在国家基本法层面赋予了电子证据独立的法律地位。之后 2016 年最高人民法院、最高人民检察院、公安部出台的《关于办理刑事案件收集提取和审查判断电子数据若干问题的规定》、2019 年出台的《公安机关办理刑事案件电子数据取证规则》则对刑事案件中电子证据的提取和审查进行了详细规定。

近几年，P2P 平台的兴起，同时也引发了一系列利用该平台从事犯罪活动行为，该类犯罪活动多是在线上开展，电子证据为其主要涉案证据。本教学案例从一起 P2P 网贷平台涉罪案件入手，聚焦电子证据的相关问题，以解决电子证据由于其自身所具有的技术性、脆弱性等特征而在取证、举证、质证以及认证方面所存在的复杂问题。

二、基本案情介绍

（一）案件经过

被告人孙某某注册成立 L 投资咨询公司，在互联网上设立 T 网贷平台，于 2014 年 12 月 26 日正式上线运营，并招募工作人员在互联网上各网贷站点及论坛对 T 网贷平台进行推广宣传，以年息 18% 和 2%～4% 奖励为诱饵，发布借款标，吸引全国各地群众注册为平台会员并充值投资。自 2014 年 12 月 26 日至 2015 年 6 月 11 日，吸收全国各地会员 345 人，吸收投资款 5 258 045 元。2015 年 6 月 12 日，被告人孙某某将 L 投资咨询公司实际经营人变更为亓某某，同时对法定代表人进行了变更。自 2015 年 6 月 12 日至案发，被告人亓某某吸收全国各地会员 46 人，吸收投资款 822 983 元。后来，T 网贷平台资金链断裂，共导致 70 名投资者的 2 511 351 元投资款无法收回。

被告人亓某某于 2014 年 10 月注册成立 Z 投资公司，在互联网上设立 J 网贷平台，招募工作人员在互联网上各网贷站点、QQ 群对 J 网贷平台进行推广宣传，以月息 1.5 分、按投资额 1% 予以奖励、还本付息为诱饵，发布借款标，向社会吸收公众存款。被告人亓某某通过线上和线下吸收 116 名投资者存款累计 2 129 616.65 元，存款到期后亓某某以公司资金紧张为由拒不还款并逃匿，造成 27 名投资者存款到期后不能取现，损失金额达 604 183.44 元。

公诉机关以孙某某、亓某某犯非法吸收公众存款罪诉诸法庭，并提供了 3 张载有 T 网贷平台后台电子数据的光盘和 1 张载有 J 网贷平台后台电子数据的光盘，分别用以证明 T 网贷平台、J 网贷平台运行期间吸收投资人资金、提现及造成损失情况。

（二）审理情况

一审审理过程中，辩护人张某某对公诉机关出示的电子数据的合法性、真实性提出异议，认为由 B 公司整理后台数据欠缺依据，且后台电子数据是由光盘作为载体，提取不符合法律规定，无法确定其真伪，不能作为定案依据。主审法官经审理后认为，该证据由公诉机关提供，来源清楚、收集合法，且均经庭审举证、质证，客观真实并能与其他证据相互印证，故而对辩护人的意见不予采纳。

一审被告人孙某某、亓某某对一审判决不服，提起上诉。上诉人孙某某认为，一审判决认定的案件事实无合法、有效的证据支持，T 网贷平台的数据库资料和 B 公司对 T 网贷平台数据库资料再行整理后形成的表格数据的合法性和客观性得不到保障，不能作为有效证据使用。二审法院对上诉人的上诉理由未予采纳，作出了"驳回上诉，维持原判"的裁定。

教学指导手册

一、教学具体目标

本教学案例主要就刑事案件中电子证据的相关理论和实践问题进行讲授，

让学生学习和掌握如下知识技能：（1）刑事案件中电子证据的范围及其具有的特征属性；（2）刑事案件中电子证据的取证及程序要求；（3）由于电子证据不易见的特性，庭审中该如何对其进行举证、质证；（4）电子证据的审查认证，尤其是对刑事诉讼中违反要求获得的电子证据的评断。

二、教学内容

（一）刑事案件中电子证据的范围及其具有的特征属性

电子证据与电子数据同义，是指案件发生过程中形成的，以数字化形式存储、处理、传输的，能够证明案件事实的数据，包括但不限于下列信息、电子文件：（1）网页、博客、微博客、朋友圈、贴吧、网盘等网络平台发布的信息；（2）手机短信、电子邮件、即时通信、通讯群组等网络应用服务的通信信息；（3）用户注册信息、身份认证信息、电子交易记录、通信记录、登录日志等信息；（4）文档、图片、音视频、数字证书、计算机程序等电子文件。

而以其数字化形式存在的电子证据，有着与传统证据不同的特征属性，主要表现在物理特征和技术特征两个方面。[1] 在物理特征方面表现在以下三点。第一，记录和存储方式。电子数据多以离散的二进制 0、1 数字信息进行记录，再通过八进制、十六进制转换后予以编码、存储和表示。其记录形式多样，只要具有两种状态的方式，均可以精确地记录和长期存储电子数据，而且可以将大批量的内容，方便地复制和分发。第二，接收、发送、传输空间。电子数据经过数模转换、模数转换，可以实现连续的模拟信号和离散的数字信号之间的接收、发送、传输功能，使其能够灵活地通过导线，甚至是无线的形式在电磁场中，以极快的速度将电子数据中蕴含的丰富信息传播到全世界。其发送、接收、传输几乎不受空间限制，这与传统证据的交流使用截然不同。第三，感知方式。其感知方式与传统证据不同。在电子数据的空间里，如果不通过一定的科技手段，直观上难以感觉。但通过相应的电子设

---

[1] 参见向大为、麦永浩、吴燕波："刑事案件侦查中电子数据取证研究"，载《现代信息科技》2019 年第 3 期。

备和软件，则可以真实、精确、可靠而形象生动地去反复展示和感知电子证据，在案件侦查和诉讼活动中，给人以深刻印象。

在技术特征方面，电子证据具有多样性、实时性、隐蔽性和脆弱性。具体而言，多样性是指电子证据本身的形式是多种多样的，其可以以文字、图形、图像、音视频等多媒体的形式单独或复合存在和展示，在技术上更加生动地反映案件事实。实时性是指能够作为案件线索和证据的电子数据，多是在犯罪嫌疑人、受害人、证人操作设备时实时、自动产生的，有些甚至连操作者本人都无法意识到。隐蔽性表现在两个方面：一方面，证明案件事实的信息内容若无相应设备、手段和技术能力，就不能直观显现；另一方面，能够作为证据的电子数据广泛分布在与案件本身无关的海量信息之中，如果没有一定的条件、技能和经验，则无法在短时间内准确发现、提取和固定与案件相关的重要数据。脆弱性表现为：对传统的证据进行破坏和改动通常是比较容易察觉和阻止的，但对于电子数据而言，若要对其进行增加、删除和修改则容易得多，甚至有些破坏行为只需通过一定时间过渡，电子数据就会自然被覆盖或遗失，因此对电子数据监控、溯源、调查起来也较为麻烦。

（二）刑事案件中电子证据的取证及程序要求

电子证据的取证，是指侦查人员为追诉犯罪、证实犯罪事实，而依法进行的收集、提取电子证据的行为。电子证据的取证应遵循以下几项原则。❶

介质优先原则。电子证据的存储介质，是存储电子数据和信息的载体，如硬盘、DVD、光盘、U盘、SD卡、SM卡等。2016年最高人民法院、最高人民检察院、公安部发布的《关于办理刑事案件收集提取和审查判断电子数据若干问题的规定》第八条第一款规定："收集、提取电子数据，能够扣押电子数据原始存储介质的，应当扣押、封存原始存储介质，并制作笔录，记录原始存储介质的封存状态。"因此，侦查机关收集、提取电子证据，应当尽可能地收集、提取电子证据相关的原始存储介质，以免介质出现损毁、灭失等情况时电子证据再也无法收集以及质疑电子证据的真实性。

---

❶ 樊崇义、李思远："论我国刑事诉讼电子证据规则"，载《证据科学》2015年第23期。

义务提供原则。电子证据的义务提供原则是指掌握电子证据的单位、组织和个人在侦查机关依法收集、调取证据的过程中，有及时、全面提交涉案电子证据的义务。其包括两层含义：一是电子证据和其他传统证据一样，有可能掌握在任何单位和个人手中，该单位和个人应当根据《刑事诉讼法》第五十四条第一款的规定如实提供；二是电子证据的第三方保存部门也应根据相关法规的规定如实提供，如《互联网信息服务管理办法》第十四条第二款规定："互联网信息服务提供者和互联网接入服务提供者的记录备份应当保存60日，并在国家有关机关依法查询时，予以提供。"

司法鉴定原则。由于电子证据本身所具有的特殊属性，在必要的时候可以进行司法鉴定，以减少电子证据的技术性、复杂性给侦查人员所带来的困扰。2016年最高人民法院、最高人民检察院、公安部发布的《关于办理刑事案件收集提取和审查判断电子数据若干问题的规定》第十七条对其进行了规定："对电子数据涉及的专门性问题难以确定的，由司法鉴定机构出具鉴定意见，或者由公安部指定的机构出具报告。对于人民检察院直接受理的案件，也可以由最高人民检察院指定的机构出具报告。"

私权保护原则。基于电子证据所具有的海量存储性、高速流转性，侦查人员在取证过程中必须严格区分涉案电子证据和非涉案电子证据，否则不仅犯罪嫌疑人的隐私权得不到保障，第三方甚至是广大公众的隐私权也会面临被侵犯的危险。那么既要实现有效、及时获取涉案电子证据，又要充分保障公民的基本权利，就要求侦查机关在取证的过程中，在收集、提取电子证据的"有限性"和"完整性"之间做好权衡，其中"有限性"是指取证范围的有限，即侦查机关查找证据的范围应限于犯罪嫌疑人及可能隐匿罪证的有关场所，所收集、提取的也是与案件有关的电子证据；"完整性"也就是指收集、提取的电子证据的完整性，具体符合《关于办理刑事案件收集提取和审查判断电子数据若干问题的规定》中对电子证据完整性的要求。

电子证据的取证程序要求表现为：在取证主体方面，应当由二名以上侦查人员进行，必要时，可以指派或者聘请专业技术人员在侦查人员主持下进行收集、提取电子数据。在见证人方面，应当根据刑事诉讼法的规定，由符合条件的人员担任见证人，由于客观原因无法由符合条件的人员担任见证人的，应当在笔录中注明情况，并对相关活动进行录像。在取证笔录方面，收集、提取电子数据，应当制作笔录，记录案由、对象、内容、收集、提取电子数据的时间、地点、方法、过程，并附电子数据清单，注明类别、文件格式、完整性校验值等，由侦查人员、电子数据持有人（提供人）签名或者盖章；电子数据持有人（提供人）无法签名或者拒绝签名的，应当在笔录中注明，由见证人签名或者盖章。

（三）庭审中如何对电子证据进行举证、质证

我国刑事法律中规定，任何未经当庭出示、辨认、质证等法庭调查程序查证属实的证据，不得作为定案的根据。因而电子证据在经过侦查机关取证、公诉机关审查之后，势必会面临法庭上的举证、质证环节。

电子证据的举证，是指在案件庭审中，公诉机关通过多种方式向法庭展示证据，以支持己方主张的诉讼活动。传统证据法则要求证据的展示，必须是证据的原物、原件，那么电子证据如何以其原始状态展示呢？[1] 针对部分可以打印成纸质文件的电子数据，可以通过一定方式将其整理打印成纸质文件，同时附带该电子数据的原始存储介质，以实现直接举证；而对于数量巨大、脱离原始电子环境即无法感知的电子证据，可以通过电子证据检验单位向法庭出示原始存储介质，并用文字说明电子证据的内容、搜索途径及查看方式等相关信息。除此之外，我国《关于办理刑事案件收集提取和审查判断电子数据若干问题的规定》第二十一条规定："控辩双方向法庭提交的电子数据需要展示的，可以根据电子数据的具体类型，借助多媒体设备出示、播放或者演示。必要时，可以聘请具有专门知识的人进行操作，并就相关技术问题作出说明。"也就是说电子证据的举证也可以根据电子数据的具体类型采用多媒体举证方式，以实现其直观性。

电子数据的质证，是指在案件庭审中，控辩双方对双方提出的证据进行公开的辨认、说明、质疑、质问和辩驳的诉讼活动。一般而言，对证据的质

---

[1] 徐茂军："刑事诉讼法中的电子证据研究"，中国海洋大学硕士论文2014年8月。

证主要是围绕证据的真实性、合法性和关联性展开，电子证据亦是如此。然而在电子证据所具有的物理和技术两方面特征的影响下，对其真实性、合法性、关联性进行质证往往面临着诸多困难。因而在该环节，控辩双方均可通过聘请具有专门知识的人或借助司法鉴定全面了解电子证据的证据能力和证明力，从而进行有效质证。

（四）电子证据的审查认证

审查认证，是指在当事人举证和质证的基础上，由法官对电子证据的真实性、合法性和关联性进行鉴别、核实并最终确认其效力的诉讼行为。根据我国相关法律规定，电子证据的审查认证应当围绕其真实性、完整性、合法性、关联性进行。

对电子证据的真实性审查，应当着重审查以下内容：（1）是否移送原始存储介质；在原始存储介质无法封存、不便移动时，有无说明原因，并注明收集、提取过程及原始存储介质的存放地点或者电子数据的来源等情况；（2）电子数据是否具有数字签名、数字证书等特殊标识；（3）电子数据的收集、提取过程是否可以重现；（4）电子数据如有增加、删除、修改等情形的，是否附有说明；（5）电子数据的完整性是否可以保证。

对电子证据的完整性审查，应当根据保护电子数据完整性的相应方法进行验证：（1）审查原始存储介质的扣押、封存状态；（2）审查电子数据的收集、提取过程，查看录像；（3）比对电子数据完整性校验值；（4）与备份的电子数据进行比较；（5）审查冻结后的访问操作日志；（6）其他方法。

对电子数据的合法性审查，应当着重审查以下内容：（1）收集、提取电子数据是否由二名以上侦查人员进行，取证方法是否符合相关技术标准；（2）收集、提取电子数据，是否附有笔录、清单，并经侦查人员、电子数据持有人（提供人）、见证人签名或者盖章；没有持有人（提供人）签名或者盖章的，是否注明原因；对电子数据的类别、文件格式等是否注明清楚；（3）是否依照有关规定由符合条件的人员担任见证人，是否对相关活动进行录像；（4）电子数据检查是否将电子数据存储介质通过写保护设备接入到检查设备；有条件的，是否制作电子数据备份，并对备份进行检查；无法制作备份且无法使用写保护设备的,是否附有录像。

对电子证据的关联性审查,可以通过核查相关IP地址、网络活动记录、上网终端归属、相关证人证言以及犯罪嫌疑人、被告人供述和辩解等进行综合判断,认定犯罪嫌疑人、被告人的网络身份与现实身份的同一性,进而认定犯罪嫌疑人、被告人与存储介质的关联性,从而对该电子证据与案件之间的关系进行审查判断。

(五)对违反法律规定获得的电子证据的评断

我国目前对非法电子证据是否可以适用"非法证据排除规则"没有进行统一确认,通过对该规则、刑事诉讼法及其司法解释进行梳理,可以看出我国目前对于非法证据排除的对象采取的是列举法,即仅明确列举了非法言词证据的强制排除和有瑕疵的书证、物证的补正排除,而没有涉及电子证据。因此,笔者认为违反法律规定的电子证据不适用该规则,而应按照其他法律规定进行处理。

我国相关法律、法规对此作出了两方面的规定:一方面是具有瑕疵,但经过补正或者作出合理解释的,可以采用。其中瑕疵是指未以封存状态移送的,笔录或者清单上没有侦查人员、电子数据持有人(提供人)、见证人签名或者盖章的,对电子数据的名称、类别、格式等注明不清的。另一方面是对真实性存在问题的电子证据采取绝对排除,主要是针对电子数据系篡改、伪造或者无法确定真伪的;有增加、删除、修改等情形,影响电子数据真实性的;以及具有前述瑕疵问题,但是不能补正或者作出合理解释的。

三、教学预期效果

通过本案例的课堂教学,使学生在日后从事实务工作时,能够处理好相关刑事案件中所涉及的电子证据问题。具体期望达到以下效果:一是学生能够更加全面地了解电子证据相关理论知识,掌握电子证据所具有的与传统证据不同的特征属性,能够将电子证据与以数字化形式记载的其他证据区分开;二是学生能够掌握电子证据的取证及其程序规定,作为侦查人员对不同形式的电子证据能够灵活运用各种合法方式进行收集、提取;三是学生能够熟悉电子证据举证、质证方法，作为公诉方或辩护人针对电子证据的相关问题能够实现有效辩论；四是学生能够熟知电子证据审查认证的相关规定，能够对电子数据的证据能力和证明力进行初步判断，法官在认证过程能够充分说理。

四、教学课时安排

本案例可以作为专门的案例教学课来进行，整个案例教学课的课堂安排为 6 个课时，每课时 45 分钟。

五、课堂教学计划

1. 课前计划

（1）授课老师邀请电子证据方面的鉴定专家或组织学生到鉴定机构参观，由电子证据鉴定专家或取证专家进行取证演示，讲解审查电子证据的要点；

（2）授课老师准备课中所需资料及 PPT；

（3）学生自行阅读案例及延伸阅读中的著作和文章，对案例所涉及问题进行思考，撰写实践题答案。

2. 课中计划

（1）介绍教学目的，明确教学主题与目标；

（2）案例内容讲解与演示；

（3）组织学生对思考题、实践题进行分组讨论，派代表回答要点；

（4）授课老师进行点评与答疑。

3. 课后计划

（1）选任学生代表对本次授课的知识点进行总结整理；

（2）布置类似案例，让学生对涉案电子证据进行评断。

六、思考题和实践题

1. 思考题

（1）电子证据与传统证据的区别与联系。

（2）刑事诉讼中电子证据的法律定位。

（3）电子证据的取证主体是谁？有专门知识的人在电子证据取证过程中扮演什么角色？

（4）何种情况下需要对电子证据的取证过程进行录像？

（5）电子证据司法鉴定程序如何启动？

（6）庭审中，可以通过什么方式完成对电子证据的举证？

（7）简述电子证据的审查判断内容。

（8）对于名称、类别、格式等注明不清的电子证据，能否作为定案依据？

（9）评析瑕疵电子证据与瑕疵书证、物证在法律规定上的区别。

2. 实践题

（1）如果你是负责本案的侦查人员，在收集、提取电子证据的过程中，应当注意哪些方面的工作？

（2）自行设计案情，分小组进行情境练习，模拟电子证据的取证、举证、质证、认证全过程。

七、延伸阅读

（1）杜春鹏：《电子证据取证和鉴定》，中国政法大学2014年版。

（2）占善刚、刘显鹏：《证据法论》，武汉大学出版社2013年版。

（3）樊崇义、李思远："论我国刑事诉讼电子证据规则"，载《证据科学》2015年第5期。

（4）向大为、麦永浩、吴燕波："刑事案件侦查中电子数据取证研究"，载《现代信息科技》2019年第1期。

（5）胡铭："电子数据在刑事证据体系中的定位与审查判断规则——基于网络假货犯罪案件裁判文书的分析"，载《法学研究》2019年第2期。

（6）徐茂军："刑事诉讼法中的电子证据研究"，中国海洋大学硕士学位论文2014年9月。

（7）尹鹤晓："电子数据侦查取证程序研究"，中国人民公安大学博士学位论文2019年6月。

（8）罗潇骁："论非法电子证据排除"，重庆邮电大学硕士学位论文2019年6月。

附　录

相关法律、司法解释

（1）《刑事诉讼法》条文：

第五十条　可以用于证明案件事实的材料，都是证据。

证据包括：

（一）物证；

（二）书证；

（三）证人证言；

（四）被害人陈述；

（五）犯罪嫌疑人、被告人供述和辩解；

（六）鉴定意见；

（七）勘验、检查、辨认、侦查实验等笔录；

（八）视听资料、电子数据。

证据必须经过查证属实，才能作为定案的根据。

第五十四条　人民法院、人民检察院和公安机关有权向有关单位和个人收集、调取证据。有关单位和个人应当如实提供证据。

（2）最高人民法院《关于适用〈中华人民共和国刑事诉讼法〉的解释》条文：

第六十三条　证据未经当庭出示、辨认、质证等法庭调查程序查证属实，不得作为定案的根据，但法律和本解释另有规定的除外。

第九十三条　对电子邮件、电子数据交换、网上聊天记录、博客、微博客、手机短信、电子签名、域名等电子数据，应当着重审查以下内容：

（一）是否随原始存储介质移送；在原始存储介质无法封存、不便移动或者依法应当由有关部门保管、处理、返还时，提取、复制电子数据是否由二人以上进行，是否足以保证电子数据的完整性，有无提取、复制过程及原始存储介质存放地点的文字说明和签名；

（二）收集程序、方式是否符合法律及有关技术规范；经勘验、检查、搜查等侦查活动收集的电子数据，是否附有笔录、清单，并经侦查人员、电子数据持有人、见证人签名；没有持有人签名的，是否注明原因；远程调取境外或者异地的电子数据的，是否注明相关情况；对电子数据的规格、类别、文件格式等注明是否清楚；

（三）电子数据内容是否真实，有无删除、修改、增加等情形；

（四）电子数据与案件事实有无关联；

（五）与案件事实有关联的电子数据是否全面收集。

对电子数据有疑问的，应当进行鉴定或者检验。

第九十四条 视听资料、电子数据具有下列情形之一的，不得作为定案的根据：

（一）经审查无法确定真伪的；

（二）制作、取得的时间、地点、方式等有疑问，不能提供必要证明或者作出合理解释的。

（3）最高人民法院、最高人民检察院、公安部《关于办理刑事案件收集提取和审查判断电子数据若干问题的规定》。

（4）《公安机关办理刑事案件电子数据取证规则》。

（5）《人民检察院电子证据鉴定程序规则（试行）》。

俞某某与陈某某民间借贷纠纷案

俞某某与陈某某民间借贷纠纷案[1]

（民事诉讼实务）

> **教学案例概览**

  摘　要：本教学案例以一起真实的民间借贷案例为蓝本，围绕该案中一份借条的真实性判断及可采性问题，经历一审、二审及司法鉴定并形成终审判决。该教学案例聚焦书证真实性的审查认定，将书证原件主义及例外、经验法则、逻辑推理、证据综合审查、司法鉴定、当事人申请鉴定权与法官职权决定有效整合，确保司法鉴定及证据规则运用对公正司法、严格司法发挥决定性作用。本教学案例不仅适用于民事诉讼，其基本原理以及教学附件内容同样适用于其他诉讼领域的物证审查认定，对法律硕士学生掌握司法证明方法原理、涉猎司法鉴定知识、提高法律实务技能均具有重要价值。

  关键词：书证鉴真；鉴定意见；经验法则；复印件的证据效力；补充鉴定

---

[1] 判决原文见（2016）苏05民终9975号。

教学案例正文

一、案件相关背景

在诉讼实务中，民事诉讼案件数量所占比例遥遥领先于刑事诉讼和行政诉讼，其中民间借贷案件又在民事诉讼实务中占据十分重要的位置，中国裁判文书网上的民间借贷案件数量现如今已达 300 多万[1]。

书证作为诉讼证据的法定类型之一，在民事诉讼中扮演着重要的角色，而书证在民间借贷案件中最主要的表现形式就是借条，其真实性往往是诉讼的争议焦点。对书证真实性的判断，需要运用证据规则审查其证据效力，在具备合法性、相关性的前提下，审查书证与案内其他证据是否相互印证，是否形成环环相扣的证据链，是否达到民事证明标准。另外，对书证真实性的鉴别，最直接的方式是进行司法鉴定，这在诉讼中被普遍运用，如笔迹鉴定、印章印文鉴定、文件形成时间鉴定等；然而，对于少量字迹（如签名）鉴定，其鉴定难度往往很大，如何通过有效手段提高鉴定意见的科学性和准确性变得十分重要。

本案即属于典型的民间借贷案件，一审争议焦点是借条复印件的真实性以及复印件的证据效力问题，二审争议焦点在于借条原件（以下称为检材）的真实性。二审中被告意欲否定该借条原件，其仅针对借条落款部位签名进行质疑并申请司法鉴定，由于检材签名字迹少、样本可比性差，难以得出明确的鉴定意见。鉴定过程中，承办该案的鉴定人建议法院增加对"检材正文字迹是否被告书写"的补充鉴定事项，并新增被告平时书写样本，由此获得了明确的鉴定意见，以此为基础，形成二审终审判决。此案二审针对书证的真实性审查，通过合理设定鉴定事项，并充分运用经验法则、矛盾分析、全案证据综合审查等司法证明方法，维持了一审判决。二审法院司法鉴定与证

---

[1] 截至 2020 年 5 月。

据法则的综合运用，对法律硕士学生掌握司法证明方法原理、涉猎司法鉴定知识、提高法律实务技能均具有重要价值。

二、基本案情介绍

（一）案件经过、证据及诉讼主张

1. 案件经过（见附录1）

2011年9月9日，俞某某借给陈某某120万元用于生产经营，约定年利率30%，借期半年，于2012年3月9日归还，本息共计138万元，陈某某出具了借条（见附录2：2011.9.9借条复印件）。2012年3月22日，陈某某归还俞某某10万元，2012年6月11日陈某某归还俞某某8万元，至此利息还清，余本金120万元未还。双方协商将上述借款续借一年，于2013年3月9日归还，利息照旧。2012年10月28日，陈某某向俞某某出具新的借条，金额为156万元（见附录2：2012.10.28借条复印件），其中包含了一年的利息36万元。借款到期后，陈某某仍未还款，俞某某再次同意陈某某续借一年，利息36万元，陈某某于2014年3月9日出具了新的借条，本息共计192万元，并给了陈某某半年的还款期（见附录2：2014.3.9借条原件）。截至2016年7月14日，陈某某仍未还款，故俞某某以拖欠借款为由将陈某某诉至法院。

2. 一审情况

原告俞某某请求C区人民法院判令陈某某归还借款人民币192万元、支付逾期滞纳金人民币633 600元并承担本案诉讼费用。同时，俞某某向法院提交了陈某某于2011年9月9日出具的借条（复印件）以及俞某某向陈某某转账120万元的转账凭证，陈某某于2012年10月28日出具的借条（复印件），陈某某于2014年3月9日出具的借条原件和陈某某书写的收款账号材料（见附录2：收款账号材料）。

被告陈某某辩称，原告于2011年9月9日转账给被告的120万元是原告归还被告的借款。被告之前出借100万元给原告，借期一年，利息20万元，但具体出借日期记不清了，100万元中有85万元通过被告的公司开具现金支票给了原告，提供了原告领取凭证，另有15万元是现金出借，因原告已经归还借款,故被告没有保存借条,已无书面证据。被告对原告提交的2014年3月9日的借条真实性无异议,承认确由其本人书写,但该借条是由多张书写形成(该借条由于书写错误已作废),并且由于原告未筹集到借款,因此将真正生效的借条已归还给被告,但该借条也已被销毁。

综合案内相关证据及事实,一审法院判被告偿还本金120万元及利息(年利率24%)。

3. 二审情况

上诉人陈某某认为一审法院认定事实错误,要求撤销一审判决、发回重审或依法改判。二审期间,被上诉人俞某某找到了落款时间为2012年10月28日,上诉人陈某某向被上诉人俞某某出具的156万元借条原件,以证明续借事实真实存在,并向二审法院提交了该份证据原件(见附录3)。另外,还提交了陈某某于2011年9月写给俞某某的一个收款账号,以证明是陈某某书写字迹。

(二)诉讼争点及司法鉴定情况

一审过程中,被告陈某某承认原告俞某某提交的落款日期为2014年3月9日的借条原件确为其所写,但借贷并未真实发生;同时对落款日期为2011年9月9日、2012年10月28日的借条(复印件)的真实性提出质疑,指出这两张借条复印件均非本人笔迹,同时对复印件的证据效力提出质疑,认为复印件不具有证据效力。

二审过程中,被上诉人俞某某找到了落款日期为2012年10月28日的借条原件,并将其呈交法庭。上诉人陈某某对该借条的真实性持有异议,认为该借条系被上诉人伪造形成,因此向法院提出鉴定申请,要求鉴定落款"陈某某"签名是否为陈某某本人书写。主审法官认为,上述借条系本案核心证据之一,对查明案件事实具有十分重要的作用,因涉及专门性技术问题,同意当事人的鉴定申请,经诉讼双方协商,同意委托西南政法大学司法鉴定中心进行笔迹鉴定。

西南政法大学司法鉴定中心受理B市中级人民法院的司法鉴定委托,在鉴定过程中,由于上诉人陈某某只提供了其当庭书写的签名实验样本,未提供同时期的签名自然样本，因此负责承办该案的鉴定人向法院建议补充鉴定，建议将检验对象扩展到借条正文所有字迹。鉴定人和法院经过充分沟通后，法院最终同意补充鉴定，并出具了更正后的司法鉴定委托书（见附录4）。最终，西南政法大学司法鉴定中心在30个工作日内出具了鉴定意见，其鉴定意见为：送检的落款日期为"2012.10.28"、借款人署名为"陈某某"的借条原件上的所有字迹应为陈某某所写。（见附录5）

（三）鉴定意见采信及二审判决

鉴定意见提交法庭之后，上诉人陈某某在庭审中未就鉴定意见的科学性、准确性提出异议，也未要求鉴定人出庭。二审法院依据双方提交的证据及庭审查明的案件事实，辅之以西南政法大学司法鉴定中心出具的鉴定意见，最终认定一审法院认定事实清楚，适用法律正确，作出驳回上诉、维持原判的终审判决。

教学指导手册

一、教学具体目标

通过对本典型案例的分析，让学生理解和掌握如下知识技能：（1）书证复印件的证据效力；（2）经验法则对于书证可采性、鉴定必要性审查的积极价值；（3）合理设定文书鉴定事项，收集选取比对样本；（4）鉴定人了解案情的必要性；（5）民事鉴定中法官的自由裁量权；（6）补充鉴定、重新鉴定程序。

二、教学内容

（一）书证复印件的证据效力

借条作为一种典型书证，在民间借贷案件中是当之无愧的"证据之王"，在民间借贷中具有重要作用。首先，它能够证明借贷双方之间存在债权债务关系；其次，它还记录着双方约定的借贷金额、利息、计算方法以及还款时间等信息。因此，在民间借贷案件中，借条的真实性判断就成为了证据调查的核心问题。

书证一般要求是原件，若为复印件，其证据能力与证明力如何？

首先，关于复印件的证据能力，《证据规定》第十一条规定，当事人向人民法院提供证据，应当提供原件或者原物。如需自己保存证据原件、原物或者提供原件、原物确有困难的，可以提供经人民法院核对无异的复制件或者复制品。由此可知，复印件并非完全不具备证据能力。本案一审中，陈某某提出抗辩，认为原告提交的落款时间为2011年9月9日和2012年10月28日的借条属于复印件，不具备证据能力。

其次，关于复印件的证明力，根据《证据规定》第九十条的规定，无法与原件、原物核对的复印件、复制品属于需要补强的证据。虽然复印件并非完全不具备证据能力，但是作为形式上有瑕疵的证据，与原件的证明力相比的确相形见绌，需要通过与其他证据相互印证来补强其证明力。一方当事人提供的借条只有复印件，不能提供原件的属于形式上存在瑕疵，不能仅根据单一的借条复印件来证明借贷关系的成立，还需要对该复印件的真实性、合法性、关联性加强审查，通过与案件其他证据相互印证来补强其证明力。提供复印件的一方当事人，也就是主张借贷关系存在的人对借条复印件的真实性承担证明责任。出借方应当出具借条复印件以外的证据来支撑其诉讼请求，如转账记录等书证，证人证言等。只有出借方提供的其他证据能够与复印件相互印证，形成完整的证据链时，才可以认定借条复印件的真实性，确认借贷关系成立。如果单凭一张借条的复印件来认定借款金额可能高达几百万元、上千万元的借贷关系存在与否，是极具风险的。

另外，从案件的社会影响上看，如果仅凭一张借条的复印件，或者仅凭一张借条就能够认可任何一方的主张，可能会对民间借贷的管理秩序产生不良影响。同时，由于法官的认识水平和能力不可能完全相同，在司法实践中很有可能出现同案不同判的情况，如此会损害司法权威。因此，在民间借贷的民事纠纷中，对于借条这种单一书证，法官要着重考虑借条的证明力问题，必须结合案件的具体情况和其他证据进行综合判断、审慎处理。双方当事人也应当提供其他充分的证据来证明自己的主张，只有相互印证的证据才有可能被采纳。综上，书证的复印件的证据效力体现在证据能力以及证明力上：在满足法律规定的情况下，具有法律上的证据能力，而其证明力需要同诉讼双方当事人提交的其他证据相互印证以及法官结合案件进行综合审查判断后才能作出最终认定。

以本案为例，在一审中被告虽然对借条复印件的真实性不予认可，但是仅口头上进行辩称，并且两次庭审中陈述前后不一致，也未提供其他的证据来证明自己的主张。相反，原告还提供除借条复印件以外的银行卡业务回单、交易明细等书证以及当事人陈述等证据。而且原告所提交的续借借条上都备注有"其他借条作废，以此条为准"的字样，因此在原件作废的条件下提供复印件完全符合情理，并且原告提供的借条复印件和其他证据能够相互印证（如本金及利息计算），已经形成较为完整的证据链，由此形成一审法官的内心确信，因此被告陈某某提出的"复印件不具备证据效力"的抗辩不成立。

（二）经验法则对于书证可采性、鉴定必要性审查的积极价值

所谓经验法则，是指人们从生活经验中归纳获得的关于事物因果关系或属性状态的法则或知识，既包括一般人在日常生活中归纳的常识，也包括某些专门性的知识，如科学（法学）、技术、艺术、商贸等方面的知识。《证据规定》第十条的规定，根据已知的事实和日常生活经验法则推定出的另一事实，该事实无须举证加以证明。由此可见，法官在诉讼中可以借助经验法则认定案件事实，经验法则可以成为法官采信证据和运用证据的依据、手段。

关于鉴定启动方式，我国《民事诉讼法》第七十六条规定，当事人可以就查明事实的专门性问题向人民法院申请鉴定。当事人申请鉴定的，由双方当事人协商确定具备资格的鉴定人；协商不成的，由人民法院指定。当事人未申请鉴定，人民法院对专门性问题认为需要鉴定的，应当委托具备资格的鉴定人进行鉴定。由此可见，鉴定程序的启动方式包括当事人申请启动和人民法院依职权启动两种，但是为了防止部分诉讼当事人企图通过申请鉴定恶意拖延诉讼进程，人民法院对于是否同意鉴定具有最终决定权。鉴定意见作

为法定证据形式之一，其最主要的功能就是鉴定人运用科学技术或者专门知识对诉讼涉及的专门性问题进行鉴别和判断并提供鉴定意见，帮助法官查清案件事实，也就是说如果案件事实已经清楚，那么就没有启动鉴定程序的必要了。

鉴定必要性审查，离不开对案内证据的经验法则分析。本案一审过程中，原告俞某某为了证明被告陈某某欠款事实，提供了2011年9月9日120万元转款记录，落款日期分别为2011年9月9日、2012年10月28日的两张借条的复印件，落款日期为2014年3月9日的借条原件，并解释了三张借条的由来，主张后两张为续借而形成。这些书证从时间、金额上均能相互印证，且与俞某某的陈述完全吻合。被告陈某某对2011年9月9日收到120万元及落款日期为2014年3月9日借条原件真实性无异议，但否认落款日期为2011年9月9日、2012年10月28日两张借条的存在，且认为2011年9月9日转款与落款日期为2014年3月9日的借条之间并无关联性，主张2011年9月9日俞某某向其转账120万元是为归还其之前向俞某某出借的还款，但陈某某在一审的两次庭审中就2011年9月9日之前其出借给俞某某借款的具体细节陈述前后不一，且无相应证据印证。另外，陈某某还表示落款时间为2014年3月9日的借条系当天书写多张借条，不小心被俞某某取得而实际未有出借，然而这一说法并不符合常情、常理。另外，陈某某认为俞某某向法院提交的落款时间为2011年9月9日、2012年10月28日的两张借条均属于复印件，对书证复印件的证据效力提出质疑。针对这一点，俞某某在二审程序中提交了落款时间为2012年10月28日的借条原件以增加其证据效力。

综上所述，根据双方当事人的陈述以及各自提交的证据，俞某某提交的证据已经形成完整的证据链，其证据质量明显优于被告，足以认定俞某某曾向陈某某出借120万元人民币的案件事实。既然案件事实已经通过庭审程序调查清楚，那么法官作为具备专业法律知识和审判经验的司法工作人员，在本案二审中完全可以驳回上诉人陈某某的鉴定申请。然而本案中，B市中级人民法院却在二审中同意了上诉人陈某某的鉴定申请，确有消极中立、浪费司法资源之嫌。

（三）合理设定文书鉴定事项、收集选取对比样本

如何合理设定文书鉴定事项（此处仅指笔迹鉴定）对于鉴定意见的科学性和案件争议事实认定有着重要影响，因为如果对一份书证的鉴定范围过小（如只鉴定借条落款签名而忽略正文字迹），可能产生不明确或不可靠的鉴定意见，对法官准确查明案件事实产生不利影响。

本案二审程序中，上诉人陈某某对被上诉人俞某某提交的落款时间为2012年10月28日的借条原件真实性持有异议，申请对该借条中落款位置的借款人签名"陈某某"三个字进行鉴定。上诉人陈某某只提供了其当庭书写的签名实验样本，未提供同时期的签名自由样本。陈某某提供的签名实验样本与检材签名字迹书写风格迥异，完全不具备比对条件，即使勉强鉴定，鉴定意见的科学性、可靠性也难以保证。在一审中，被告陈某某就原告俞某某提交给法庭的落款日期为2014年3月9日的借条真实性并未提出异议，承认该借条确为其本人书写，但是该借条的落款签名"陈某某"字样同陈某某在二审中当庭书写的实验样本签名字迹之间也存在非常大的差异。由此可见，陈某某极有可能在书写实验样本时故意改变其原本的书写习惯，导致出现实验样本和检材之间的比对条件极差的情形。

另外，按照日常生活经验，除当事人文化水平较低、不具备书写能力外，人们在书写借条时，借条正文和借条落款签名基本上都是由借款人一人书写，即二审中俞某某提交的落款时间为2012年10月28日的借条正文和签名字迹极有可能均为陈某某一人书写。而且，本案中陈某某并未否认俞某某在一审中提交给法庭的落款日期为2014年3月9日的借条真实性，并且这两张借条中正文、落款均有大量相同字迹可供比对，比如两张借条中都有"今在俞某某手借到人民币现金××万元""其他借条作废""据借款人"，以及陈某某的签名字迹。由此可见，如果将鉴定事项扩展至对整张借条全部字迹，同时增加2014年3月9日的借条作为比对样本，该案的难题将迎刃而解，鉴定意见的科学性、客观性也得以提升，从而有力地保证公正司法目标的实现。

因此，在诉讼过程中，法官应当结合案件审理的具体情况，在委托鉴定的时候合理地设定文书鉴定事项，多收集案前自由样本，这样更有利于提高

鉴定意见的准确性,进而查清案件事实,作出正确的判决,还当事人公道。以本案为例,若鉴定事项仅限定于借条落款部位签名,而样本仅有诉讼中签名实验样本,在检材签名和实验样本字体风格、书写速度迥异的情况下,鉴定人很可能出具不明确的鉴定意见或不利于俞某某的鉴定意见;如果法官严重依赖鉴定意见,且对案内其他证据的认识存在偏差,极可能导致错判。由此可见,在委托鉴定过程中合理设定文书鉴定委托事项及比对样本范围,对于准确查明案件事实具有重要价值。

(四)鉴定人了解案情的必要性

司法鉴定是指在诉讼活动中鉴定人运用科学技术或者专门知识对诉讼涉及的专门性问题进行鉴别和判断并提供鉴定意见的活动。鉴定人作为重要的诉讼参与人,其主要作用就是利用其专业所长,弥补法官在专业科学知识方面的认知不足,协助法官查明案件中的专门性问题,出具鉴定意见是其辅助法官的常见形式。鉴定人在实施鉴定工作过程中,是否应当了解案情一直是一个备受争议的实践性话题。反对者认为,了解案情会导致鉴定人产生先入为主的认知偏见,从而影响鉴定意见科学性、客观性,鉴定人既然是在诉讼中解决专门性问题的专家,就应当完全保持独立性,仅就受托的专门性问题进行鉴别和判断,出具鉴定意见即可。支持者则认为,适当了解案情可以帮助鉴定人更好地作出判断,尤其是在文书检验领域,涉及文书伪造变造,仿写及套摹字迹,文书添加及换页,指纹印章等鉴定事项,了解案情有助于发现被仿母本,进一步明确双方争议焦点,为合理设定鉴定要求、寻找案件突破口提供帮助,最终保证鉴定意见的质量与公信力。

不同于 DNA 等相对成熟的技术,文书、痕迹鉴定等一方面依赖科学技术,另一方面依赖鉴定材料与专家丰富的实践经验,而了解案情就是实践经验的一种体现。事实上,中外法治国家有关鉴定人的权利与义务规定中,都有了解案情、调阅诉讼卷宗、勘验现场等相关规定,如我国《民事诉讼法》第七十七条规定,鉴定人有权了解进行鉴定所需要的案件材料,必要时可以询问当事人、证人。《证据规定》第三十四条规定,经人民法院准许,鉴定人可以调取证据、勘验物证和现场、询问当事人或者证人。《司法鉴定程序通则》第十六条规定，司法鉴定委托书应当载明与鉴定有关的基本案情；第二十四条规定，司法鉴定人有权了解进行鉴定所需要的案件材料，可以查阅、复制相关资料，必要时可以询问诉讼当事人、证人。由此可见，鉴定人有权了解案情是有充分法律依据的。

本案中，鉴定人在审查鉴定材料时发现检材落款部位签名字迹和当事人提供的签名实验样本之间书体、书写速度存在明显差异，比对条件差。在字迹量少、样本质量差、缺乏可比性的情况下，通常难以作出明确的鉴定意见，一些不具经验的鉴定人甚至可能出具"不是同一人书写"的鉴定意见，这将为法官审理案件带来极大的困惑与挑战。

为破解上述鉴定难题，本案鉴定人翻阅诉讼卷宗、了解案情后，有以下重大发现。一是基于经验法则及全案证据综合研判，本案中检材（2012年10月28日借条原件）真实，无须进行司法鉴定程序（相关法理见教学指导手册之"二（三）"）。二是本案检材正文与落款"陈某某"签名字迹的书写风格、书写水平、字体字形等笔迹一般特征一致，极大可能整张借条均为同一人书写。三是本案中陈某某认可2014年3月9日借条为其本人书写，故可以将此借条作为笔迹比对样本。四是2014年3月9日借条与2012年10月28日借条之间有大量相同单字，如"今在俞某某手借到人民币现金××万元""其他借条作废""据借款人"以及"陈某某"签名字迹，故可以将原签名鉴定事项修正为"对检材正文及落款全部字迹进行鉴定"，并以2014年3月9日借条上全部字迹作为比对样本。基于上述案情了解，承办该案的鉴定人与法官及时沟通，对其进行专业问题说明，并就经验法则、法官职权原则适用进行"游说"，法院最终同意修正鉴定委托事项、新增笔迹样本的要求，鉴定人也根据补充鉴定委托事项及新增样本，出具了检材上全部字迹均是陈某某书写的明确鉴定意见，有力地保证了鉴定意见的科学性、准确性，也印证了经验法则的普适价值。

以此修正后的鉴定委托及鉴定意见为基础，二审法院作出了维持原判的终审判决。试想，如果本案鉴定人未曾阅读诉讼卷宗，未曾了解案情，仅就最初的鉴定委托事项及比对样本进行机械比对鉴定，受鉴定条件及鉴定人水平能力、认知偏差限制，极可能出具不明确的鉴定意见或"不是同一人书写"的鉴定意见，进一步误导二审法官作出错误判决，从而背离案件客观事实。

（五）民事鉴定中法官的自由裁量权

民事司法自由裁量权是指在民事诉讼过程中，法官基于一定标准对法律规则自由选择并进行判断的权利。我国的民事鉴定启动程序有两种：一种是当事人申请，另一种是法官依职权启动。法官的自由裁量权主要体现在当一方当事人申请启动鉴定程序时，法官并非必然会同意启动鉴定程序，还需要结合案件的具体情况、经验、常理等方法自由裁量进行最终认定。因此虽然当前我国的民事鉴定启动程序采取的是当事人申请和法官依职权启动两种模式，但司法鉴定程序启动的最终决定权在法官手中。

法官在民事鉴定启动程序中拥有较大的自由裁量权的好处在于：一方面民事鉴定作为民事纠纷中诉讼当事人提供证据的一种证明方法，鉴定机构出具的鉴定意见对于当事人而言十分重要，一个对查明案件事实起关键作用的鉴定事项决定着当事人的主张是否会得到法院的支持，是否能够胜诉；另一方面对于法官而言，对案件的专业性问题进行鉴定，有利于查明案件真相，解决民事纠纷，平衡诉讼双方当事人的利益，同时还可以防止司法鉴定启动程序决定权的滥用，避免多头鉴定以及反复重新鉴定的情形。此外，法官在民事鉴定启动程序中拥有最终决定权，这也是传统职权主义诉讼模式的集中体现。

在司法实践中，上述两种模式的弊端也逐渐显现出来。第一种由当事人申请的司法鉴定，出现当事人滥用鉴定申请权，频繁申请鉴定的情形。在现有充足证据能够定案或者通过其他证据调查方法已经能够作出判决的情况下，法官随意同意鉴定申请导致重复申请鉴定，或者因未同意当事人的鉴定申请而导致案件被发回重审。第二种由法官依职权启动的司法鉴定，出现法官对司法鉴定意见的过度依赖，把一些原本不需要鉴定的事项纳入鉴定范围，随意启动鉴定程序，"以鉴代审"的现象。上述弊端的出现难以保障当事人的诉讼权益，且浪费司法资源，提高诉讼成本，降低司法效率。

在本案中，由于双方借款系续借，每次出具新的借条之后，之前的借条均作废。一审原告俞某某提交的 2011 年 9 月 9 日与 2012 年 10 月 28 日的两张借条系复印件，2014年3月9日的借条为原件。而被告陈某某在一审中对于借条的复印件真实性提出质疑，对原告俞某某提供的2014年3月9日借条真实性表示认可。并且通过一审原告提交的其他证据，充分表明一审原告俞某某与被告陈某某之间存在借贷关系。在二审之中，一审原告俞某某为了支持其主张，在家中翻找出2012年10月28日借条的原件，此时一审被告陈某某对借条原件的真实性持有异议并申请鉴定。但是二审期间被告陈某某并未提供新证据，且其陈述有违常理，并承认2014年3月9日借条是其本人书写，但是原告俞某某并没有为其提供借款；在没有借款到达账户的情形下，被告陈某某就已经向原告俞某某出具了借条，这一陈述明显不合常理，这一点也被一审判决书所认可。因此综合全案来看，原告俞某某提供了充分、高质量的证据，并形成了完整的证据链。反观被告方证据，无论是数量、质量还是证明力，均低于原告方证据，二审法官确无同意鉴定之必要性。

因此，法官的自由裁量权在一定程度上有利于得出更加科学、可靠的证据，同时也可能导致司法资源的浪费，诉讼效率的低下。规范法官自由裁量权，防止自由裁量权滥用，可通过严格贯彻证据裁判原则、强化司法责任制予以实现。

（六）补充鉴定、重新鉴定程序

鉴定程序可以分为初次鉴定、补充鉴定、重新鉴定。

《司法鉴定程序通则》第三十条规定："有以下情形之一的，司法鉴定机构可以根据委托人的要求进行补充鉴定：（一）原委托鉴定事项有遗漏的；（二）委托人就原委托鉴定事项提供新的鉴定材料的；（三）其他需要补充鉴定的情形。补充鉴定是原委托鉴定的组成部分，应当由原司法鉴定人进行。"

《证据规定》第四十条规定："当事人申请重新鉴定，存在下列情形之一的，人民法院应当准许：（一）鉴定人不具备相应资格的；（二）鉴定程序严重违法的；（三）鉴定意见明显依据不足的；（四）鉴定意见不能作为证据使用的其他情形。存在前款第一项至第三项情形的，鉴定人已经收取的鉴定费用应当退还。拒不退还的，依照本规定第八十一条第二款的规定处理。对鉴定意见的瑕疵，可以通过补正、补充鉴定或者补充质证、重新质证等方法解决的，人民法院不予准许重新鉴定的申请。重新鉴定的，原鉴定意见不得作为认定案件事实的根据。"

从上述规定可以看出，补充鉴定与重新鉴定的内涵不同，补充鉴定往往是因为鉴定事项、鉴定资料有遗漏而需增补，是初次鉴定的合理补充；重新鉴定则因为鉴定人的主体资格、鉴定程序违法而导致鉴定意见失去证据能力，或者因为鉴定意见的方法原理、过程、依据等明显不足而导致鉴定意见证据能力与证明力缺失。同时，为遏制反复重新鉴定顽疾，对鉴定意见的瑕疵，可以通过补充鉴定等方法解决的，人民法院对重新鉴定的申请不予准许，这反映了法院对初次鉴定的重视及对重新鉴定的谨慎态度。

在本教学案例中，鉴定人通过游说法官增补鉴定事项、增补样本，在初次鉴定阶段就把鉴定意见夯扎实，避免了因鉴定意见不明确、当事人不服鉴定意见而陷入反复补充鉴定、重新鉴定的困境，使公正司法、诉讼效率及纠纷解决目标均得以保障。

三、教学预期效果

通过本案例的课堂教学，预期能够达到以下教学效果：（1）使学生更充分地理解书证原件主义及其例外；（2）使学生深刻认识和掌握经验法则、矛盾分析等司法证明方法的诉讼运用；（3）使学生了解科学合理设定鉴定事项及收集、选取比对样本的相关方法；（4）使学生认识到鉴定人了解案情、积极探究案件事实真相的必要性；（5）使学生学会处理当事人申请鉴定与法官依职权启动鉴定、当事人行使鉴定权与诉讼效率之间的冲突。

四、教学课时安排

本案例可以作为专门的实务案例教学课来进行，整个案例教学课的课堂安排为 6 个课时，每课时 45 分钟。

五、课堂教学计划

1. 课前计划

课前将本案的基本案情以及课堂安排情况告知学生，要求同学们自行分组，由各小组成员思考案件涉及哪些实体法、程序法和证据法的相关知识，并拟出知识点大纲，以备课堂讨论。

2. 课中计划

（1）介绍本教学案例的教学目的并了解学生准备工作情况；

（2）由提前分好的各小组汇报其准备好的内容，然后展开讨论；

（3）根据案情逐步讲解、剖析案情，挖掘知识点；

（4）同学们进行自主提问；

（5）由授课老师进行最后的解答和归纳总结。

3. 课后计划

给出其他涉及书证的类似案例，让学生运用所学知识并结合案情及案内其他证据，对书证进行审查认定；思考是否能够凭借经验法则、逻辑推理等鉴别真伪？是否有必要进行司法鉴定？如果有必要进行鉴定，独立提出合理鉴定委托事项。评价鉴定意见，讨论该鉴定意见作为证据在全案认定中的作用，以及对全案证据进行综合审查运用。

六、思考题和实践题

1. 思考题

（1）书证的证据规则。

（2）民间借贷纠纷案的证明标准。

（3）当债务人自认借据，但是辩称实际未收到借款时，举证责任该如何分配？

（4）少量字迹鉴定的概念及鉴定条件。

（5）笔迹样本的分类及对比条件。

（6）经验法则原理及诉讼价值。

（7）鉴定人了解案情是否对鉴定意见的客观性和鉴定人的中立性造成影响？简述理由。

（8）补充鉴定与重新鉴定的内涵及适用条件。

（9）就司法鉴定启动程序而言，如何处理当事人主义与法院职权之间的冲突？

2. 实践题

（1）根据提供的案例（见附录6），假定你是原告代理律师，你认为针对本案"收条"，仅鉴定"张文东"姓名三字是否有局限性？应当如何合理设定鉴定委托事项，应当如何收集笔迹样本？

（2）根据提供的案例（见附录6），假设你是原告方聘请的专家辅助人，如何对北京某鉴定机构出具的司法鉴定意见书进行质证？试拟一份质证意见书。

七、延伸阅读

（1）曹治勋："经验法则适用的两类模式——自对彭宇案判决说理的反思再出发"，载《法学家》2019年第5期。

（2）琚明亮："重新认识'经验法则'"，载《检察日报》2019年9月11日。

（3）汪海燕："印证：经验法则、证据规则与证明模式"，载《当代法学》2018年第4期。

（4）龙宗智："试论证据矛盾及矛盾分析法"，载《中国法学》2007年第4期。

（5）苏青："司法鉴定启动条件研究"，载《证据科学》2016年第4期。

（6）贾治辉、薛楠："鉴定人了解案情的合理性分析——以庭审中的物证鉴定意见为视角"，载《证据科学》2017年第6期。

（7）季若望："'鉴定双轨制'下的法官自由裁量权之界限"，载《云南社会科学》2018年第3期。

（8）文新发、周翠华："借条复印件不能单独为证"，载《当代广西》2005年第1期。

（9）裴吉满："浅谈少量字迹的检验"，载《湖南警察学院学报》2013年第3期。

附 录

附录1：案件经过

- **2011.9.9**：俞某某借给陈某某120万元，约定年利率30%，借期半年，于2012年3月9日归还，本息共计138万元
- **2012.10.28**：双方约定续借一年，2013年3月9日归还，本息共计156万元，并出具了新借条
- **2014.3.9**：陈某某仍未还款，双方约定再续借半年，本息共计192万元
- **2016.7.14**：陈某某仍未还款，俞某某向C区人民法院提起诉讼
- **2016.9.28**：C区人民法院作出一审判决，被告陈某某归还原告俞某某120万元本金及利息
- **2016.11.29**：陈某某不服一审法院判决，向B市中级人民法院提起上诉
- **2017.6.16**：B市中级人民法院向西南政法大学司法鉴定中心提出补充鉴定委托
- **2017.7.23**：西南政法大学司法鉴定中心出具鉴定意见
- **2017.10.13**：B市中级人民法院作出终审判决，驳回上诉请求，维持原判

附录 2：一审期间原告提交的书证

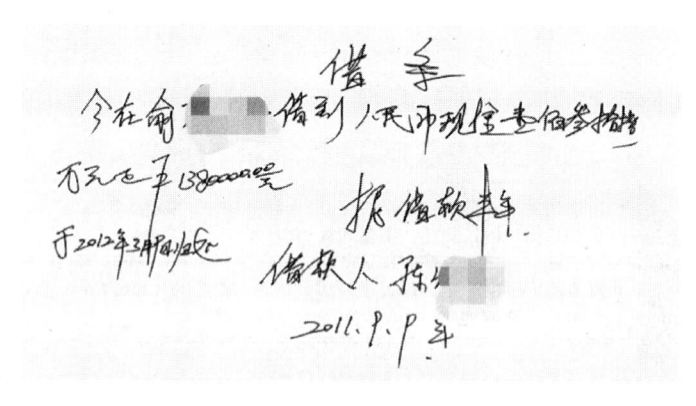

2011.9.9 借条复印件

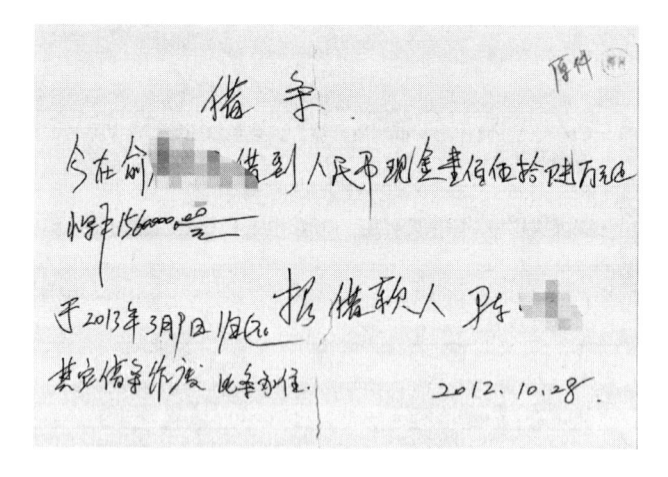

2012.10.28 借条复印件

2014.3.9 借条原件

收款账号材料

附录3：二审期间原告提交的书证原件

2012.10.28 借条原件（已被撕成两半）

附录4：更正后的司法鉴定委托书

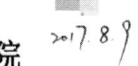

██市中级人民法院
司法鉴定委托书

以此为准 2017.8.9

（2017）██法鉴委字第██号

西南政法大学司法鉴定中心：

我院审理的陈██与俞██民间借贷纠纷一案，需要对2012年10月28日借条上的全部字迹是否是陈██书写进行鉴定。现将有关材料送去，请指派你单位有专门资质的人员进行鉴定，鉴定人进行鉴定后应当出具鉴定报告书，并由鉴定人签名、盖章。

我院送去的有关材料，请一并退还我院。

2017年6月16日

督办人：██　　　　书记员：██
联系电话：██　　　电话、传真：██
承办法官：██　　　联系电话：██

附录 5

西南政法大学司法鉴定中心

司法鉴定意见书

西政司法鉴定中心 [2017] 鉴字第××号

一、基本情况

委托人：B 市中级人民法院【委托书编号：（2017）苏 05 法委鉴字第××号】

鉴定材料：

检材：

落款日期为"2012.10.28"、借款人姓名为"陈某某"的借条原件 1 份 1 页，标识为"JC"，其上所有字迹下称"检材字迹"。

样本：

1. 落款日期为"2014 年 3 月 9 日"、借款人姓名为"陈某某"的借条原件 1 份 1 页（下称"样本 1"，标识为"YB1"），其上全部字迹为样本字迹。

2. 有陈某某姓名字迹的无日期账号材料原件 1 份 1 页（下称"样本 2"，标识为"YB2"），其上全部字迹为样本字迹。

3. 落款日期为"2016 年 7 月 28 日"、委托人姓名为"陈某某"的《授权委托书》原件 1 份 1 页（下称"样本 3"，标识为"YB3"），其落款位置处的"陈某某"姓名字迹为样本字迹。

4. 落款日期为"2011.9.9"、借款人姓名为"陈某某"的借条复制件 1 份 1 页（下称"样本 4"，标识为"YB4"），其上全部字迹为样本字迹。

5. 标称日期为"2012 年 3 月 22 日"、客户姓名为"陈某某"的银行卡取款凭条复制件 1 份 1 页（下称"样本 5"，标识为"YB5"），其上客户签名处的"陈某某"姓名字迹为样本字迹。

6. 标称抵押期限为"2012 年 9 月 7 日—2022 年 9 月 7 日"、抵押权人为"中国银行股份有限公司昆山分行"、抵押人为"陈某某"的《中国银行股份有限公司个人循环贷款最高额抵押合同》复制件1份5页（下称"样本6"，标识为"YB6"），其尾页落款位置处的"陈某某"姓名字迹为样本字迹。

7. 标称日期为"2016年9月26日"的《昆山市人民法院法庭审理笔录（第二次）》原件1份7页（下称"样本7"，标识为"YB7"），其尾页落款位置处的"陈某某"姓名字迹为样本字迹。

8. 落款日期为"2017年3月22日"的陈某某书写的其本人的姓名字迹及其他字迹实验样本原件1份8页（下称"样本8"，标识为"YB8"）。

注：除样本2、8外，其余样本均装订于案号为"（2016）苏××××民初×××××号"的《××省××市人民法院民事诉讼一审卷宗（正卷）》之中。

委托事项：检材字迹是否为陈某某书写。

受理日期：2017年7月7日。

二、基本案情

委托人办理俞某某与陈某某民间借贷纠纷一案，因证据调查需要，依法委托我中心对上述委托事项中注明的专门性问题进行司法鉴定。

三、鉴定过程及分析说明

本中心2017年7月7日接受本次鉴定委托，在查收到委托方移送的重新确定的《司法鉴定委托书》并确认已交鉴定费后正式启动鉴定。

依据文书检验基本原理，参照"SF/Z JD0201001—2010""SF/Z JD0201002—2010"鉴定技术规范的相关规定，本案鉴定人在西南政法大学司法鉴定中心实施了如下鉴定：

检材系普通A4纸裁切而成，大小约为210mm×146mm，纸张至上而下分裂为两小纸块，通过背面的透明胶带粘贴拼接固定，两小纸块的分离缘能够对应拼接，说明两小纸块源自同一纸张整体分离而成。

检材上全部手写字迹均为黑色墨水签字笔书写，书写速度较快，运笔自然流畅，未见伪装、仿写痕迹，具备笔迹鉴定条件。

供检的陈某某书写的字迹样本既有自由样本，也有实验样本。其中：供检的自由样本数量充分，笔迹特征反映较明确、稳定，可供比对；陈某某书写的实验样本字迹（样本8）为行楷书体，书写速度慢，与检材字迹间可比条件差。因此，本次鉴定主要以样本1~7作为比对样本。

（一）"陈某某"姓名字迹鉴定及分析说明

陈某某的姓名样本字迹反映出书写习惯的多样性，如"发"字的规范书写与简写形式等，但其运笔、连笔与书写速度协调，未检见伪装及仿写痕迹，与检材姓名字迹间具备可比性。

将检材落款位置处的"陈某某"姓名字迹与陈某某姓名样本字迹进行比较检验，检见：二者书写水平、字体、字形、单字组合布局形态等一般特征具有符合表现，二者相同单字的细节特征亦具有较好的符合反映，如"陈"字"阝"部弧形转折形态，"东"部的运笔、连笔及绕转方式，"阝"部与"东"部的搭配位置与比例关系，"发"字的连写简写方式及形态，"玉"字连写方式、末尾横画及点画的运笔方向、笔画形态与弧度、搭配位置关系，等等（详见附件1《笔迹特征比对表1》）。

综上检验所见，检材姓名字迹与陈某某姓名样本字迹笔迹一般特征及细节特征方面均发现大量符合特征，二者间的符合特征数量多，且有独特、稳定、价值较高的个性符合特征，二者间的符合属本质性符合，总体反映了同一人的签名习惯。

（二）其他字迹鉴定及分析说明

检材除"陈某某"姓名字迹外的其他字迹，在样本1、4中有大量相同单字可供比较，可比条件较好。

将检材除"陈某某"姓名字迹外的其他字迹与样本1、4中的相同单字扫描并制作笔迹特征比对表。经比较检验，结果发现：二者书写水平、字体、字形，阿拉伯数字金额与"元"字的组合布局形态等一般特征相符，二者相同单字的细节特征亦有较好的符合表现，如"借"字、"条"字、"俞"字、"惠"字、"手"字、"现"字、"金"字、"壹"字、"拾"字、"据"字、

"款"字、"年"字、"月"字、"日"字、"元"字、"0"字等的运笔、笔画间交叉搭配位置与比例关系、连笔、笔顺、写法，等等（详见附件2《笔迹特征比对表2》）。

基于上述检验结果，检材除"陈某某"姓名字迹外的其他字迹与对应的样本字迹在笔迹一般特征及细节特征方面均检出大量符合特征，二者间符合特征数量多，而且其中含有独特、稳定、价值较高的个性符合特征，表明二者间的符合属本质性符合，整体反映了同一人的书写动作习惯。

四、鉴定意见

送检的落款日期为"2012.10.28"、借款人姓名为"陈某某"的借条原件上的所有字迹应为陈某某所写。

五、附件

1. 《笔迹特征比对表1、2》；
2. 检材及样本部分复制件；（略）
3. 鉴定机构司法鉴定许可证及司法鉴定人执业证复制件。（略）

司法鉴定人签名：王×（副教授）

《司法鉴定人执业证》证号：××××××××

司法鉴定人签名：王×（讲　师）

《司法鉴定人执业证》证号：××××××××

二〇一七年×月×日

附件1：

附件1：

附录6：姜某诉北京××房地产经纪有限公司居间服务合同纠纷案

××××××司法鉴定中心
司法鉴定意见书

[2018]鉴(文)字第××号

一、基本情况

委　托　人：北京市××区人民法院

委托鉴定事项：笔迹鉴定

受理日期：2018年11月19日

鉴定日期：2018年11月25日—2018年12月3日

鉴定地点：××××××司法鉴定中心

鉴定依据：SF/Z JD0201001-2010；SF/Z JD0201002-2010

鉴定材料：

（一）检材：下述材料由委托方提供

2014年10月21日收据书写资料原件1页。

（二）样本：下述材料由委托方提供

1、2017年10月16日《渤海银行个人贷款借据》复写件1页，其上"借款人签字"处有张文东签名字迹；

2、2018年6月27日《渤海银行个人贷款借据》复写件1页，其上"借款人签字"处有张文东签名字迹；

3、2018年6月27日编号CIP010015898《渤海银行股份有限公司个人信用借款合同》原件1份，其上第14页"借款人"处有张文东签名字迹；

4、2017年10月16日编号CIP010012533《渤海银行股份有限公司个人信用借款合同》原件 1 份，其上第 14 页"借款人"处有张文东签名字迹；

5、张文东当庭书写签名字迹，快写、慢写原件各 1 页，共 2 页。

二、检案摘要

因居间合同纠纷，需对检材上的手写字迹进行司法鉴定。

三、委托鉴定事项

2014 年 10 月 21 日收据书写资料上的手写字迹"张文东"三字与样本上张文东签名字迹是否为同一人所写。

四、检验过程

1、检材为原件，其上书写字迹为硬笔所写，字迹清楚，可供检验；

2、样本 1-2 为复写件，字迹清楚，特征明显，可供比对检验使用。样本 3-5 为原件，其上张文东签名字迹均为硬笔所写，字迹清楚，特征明显，可供比对检验使用；

3、依据 SF/Z JD0201001-2010 文书鉴定通用规范和 SF/Z JD0201002-2010 笔迹鉴定规范，使用放大镜、显微镜、Photoshop 软件，鉴于样本中没有其他字迹的比对样本，只有"张文东"签名字迹的比对样本，故将检材上的手写字迹"张文东"与样本上张文东签名字迹进行比对检验，发现二者的书写水平不一，且在"张、文、东"三字的写法、起收笔、连写动作、笔顺、笔力分布以及字间搭配比例等书写特征上均有差异。

五、分析说明

上述检验表明，检材上的字迹"张文东"与样本上张文东的签名字迹书写水平及笔迹特征均不相符，反映了不同人的书写习惯，为否定同一提供了客观依据。

六、鉴定意见

2014年10月21日收据书写资料上的手写字迹"张文东"三字与样本上张文东签名字迹不是同一人所写。

七、附件

委托送检的检验材料和样本材料复制件；

司法鉴定许可证和司法鉴定人执业证的复制件。

注：委托送检的检验材料和样本材料随鉴定意见书退还。

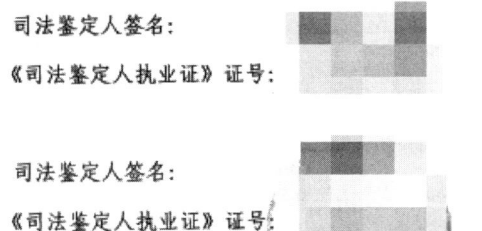

司法鉴定人签名：

《司法鉴定人执业证》证号：

司法鉴定人签名：

《司法鉴定人执业证》证号：

二〇一八年十二月三日

特 征 比 对 表   案件编号：

检材	样本
张文东	张文东 YB1
	张文东 YB2
	张文东 YB3
	张文东 YB4
	张文东 张文东 张文东 张文东 YB5

制作人：　　　日期：2018.11.26
发布日期：2016-3-1